Deutsch
Grammatik
5. Klasse

Matthias Edbauer M. A.

© 1999 Compact Verlag München
Redaktion: Alexandra Dietrich, Sabine Gersten
Redaktionsassistenz: Melinda Csáky
Umschlaggestaltung: Gesche Harms
Illustrationen: Gesche Harms
Produktionsleitung: Uwe Eckhard

ISBN 3-8174-7076-2
7370761

Besuchen Sie uns im Internet www.compactverlag.de!

Inhalt

Alles nur Wortklauberei?	5
Wortarten	6
Substantive	8
Pronomen	16
Verben	22
Präpositionen	34
Adjektive	36
Adverbien	38
Numeralien	40
Konjunktionen	44
Der Satz	46
Die Satzglieder	46
Das Prädikat	50
Das Subjekt	52
Das Objekt	54
Adverbialien	58

Inhalt

Satzarten 66
Der Aussagesatz 66
Der Aufforderungssatz 68
Der Fragesatz 72
Die Satzreihe 74
Das Satzgefüge 76

Lösungen 80

Begriffe und Regeln 93

Alles nur Wortklauberei?

„Grammatik lernen, wozu? Ich kann doch sprechen. Ist eh alles nur Wortklauberei!" Das ist häufig die Antwort von Schülern, wenn sie auf dieses Fach angesprochen werden. Vielleicht geht es dir ja ähnlich? Die Schülerhilfe **Power Pauker Deutsch Grammatik** bietet dir hier ein Übungs- und Regelband an, das dir zeigt, wie wichtig die Grammatik einer Sprache ist, um sie problemlos zu beherrschen. Anhand von vielen Übungen, Beispielen und einem ausführlichen Lösungsteil für alle Aufgaben im Buch wird die deutsche Grammatik für die 5. Jahrgangsstufe leicht verständlich dargestellt. Im Unterricht geht es oft zu schnell, weil der Lehrer nicht immer genug Zeit hat, alle wichtigen Fragen zu beantworten. Der Power Pauker gibt dir auf alle deine Fragen, die noch offen geblieben sind, Antwort und du kannst selbstständig einüben, wozu in der Schule keine Zeit war. Diese Lernhilfe schließt unmittelbar an das Grundschulwissen an, so dass es dir leicht fallen wird, dich an die neuen Begriffe wie *Substantive*, *Konjunktionen* oder *Prädikat* zu gewöhnen. Außerdem begleiten dich **Lisa** und **Tom,** zwei aufgeweckte Schüler deines Alters, die dich in zahlreichen lustigen Szenen locker in den Stoff einführen. Sie geben dir gute Tipps und weisen dich auf grammatikalische Stolpersteine hin, damit du im Umgang mit der deutschen Grammatik gut gerüstet bist.

Und so einfach packst du's an:
Du wählst aus, welches Grammatik-Thema dich gerade interessiert. Lisa und Tom präsentieren dir insgesamt drei große Kapitel: **Wortarten**, **Satzglieder**, **Satzarten**. Wir beginnen mit den Wortarten, einem sehr wichtigen Grammatik-Teil der 5. Klasse. Er nimmt etwa die Hälfte des Bandes ein, weil hier die Grundlagen für den weiteren Lernstoff gelegt werden. Die Satzlehre baut darauf auf und enthält alles Wissenswerte zum Thema Satz. Jede Übungseinheit ist auf einer Doppelseite zusammengefasst und so gestaltet, dass du etwa 45 Minuten Arbeitszeit für die Bearbeitung brauchst. Die Übungen sind so aufgebaut, dass sie immer schwieriger werden. Du darfst und sollst sogar nach jeder abgeschlossenen Übungsaufgabe im Lösungsanhang nachschlagen, um zu prüfen, ob deine Lösung richtig oder falsch ist. Wichtige Regeln stehen in Kästen, auf die ein **dicker Zeigefinger** zeigt. Auf der letzten Doppelseite des Buches findest du **die wichtigsten Regeln und Fachbegriffe** noch einmal **im Überblick** zum Wiederholen oder zum Nachschlagen zusammengefasst.

Das Buch gibt auch immer wieder nützliche Lerntipps, mit denen du lernen kannst, wie man lernt! Sie sind extra als **Tipp** gekennzeichnet.

Übrigens: Lege dir unbedingt ein Heft zu, in dem du die Übungsaufgaben bearbeiten kannst!

Und jetzt wünscht dir dein Power Pauker viel Spaß und Erfolg!

Wortarten

Verflixte Hexen-Wörterklauberei!

Hui! Die Hexe Kiribata hat alles durcheinander gebracht!

Tom repariert seinen Freund.
Leopold schreibt seinem Goldfisch
einen Liebesbrief.
Oma Line bestellt Günter einen
großen Becher Schraubenzieher.

Heike gießt das Baby.
Meine Schwester kocht ihren Kanarienvogel.

Dein Zimmer ist bewölkt.
Werner liebt seinen gefräßigen Pyjama.

In der Pause spielen wir nachts Tischtennis.
Gut, dann komme ich gestern.

Der Kellner serviert uns die Cola über einem silbernen Tablett.
Sabine geht zwischen ihrem Hund spazieren.

1. Suche aus den unteren Wörtern die richtigen heraus und setze sie anstelle der falschen Wörter in die obigen Sätze ein!

Substantive	Verben	Adjektive	Adverbien	Präpositionen
Baby	kommen	silbern	einst	in
Zimmer	wickeln	groß	irgendwo	über
Freundin	spazieren gehen	unordentlich	heute	mit
Himbeereis	waschen	wahnsinnig	meistens	an
Fahrrad	füttern	gestreift	niemals	auf

Die Bezeichnungen der wichtigsten Wortarten, mit denen du in dieser Grammatik umgehen lernen sollst, hast du schon jetzt einmal kennen gelernt. Aus der Grundschule sind dir sicher noch folgende Bezeichnungen bekannt:

Namenwort	für	Substantiv oder Nomen
Zeitwort	für	Verb
Eigenschaftswort	für	Adjektiv

Das Adverb und die Präposition wirst du in einem späteren Kapitel noch genauer kennen lernen.

Wir können die **Wortarten erfragen,** um sie zu bestimmen!

Beispiel:
Leopold liebt seinen gestreiften Pyjama.
Wer liebt seinen Pyjama?
Antwort: Leopold (Name, **Substantiv**)
Was macht oder tut Leopold?
Antwort: er liebt ... (**Verb**)
Wen oder **was** liebt Leopold?
Antwort: seinen Pyjama (**Substantiv**)
Wie sieht sein Pyjama aus?
Antwort: gestreift (**Adjektiv**)

2. Erfrage nun die Wortarten **Substantiv, Verb** und **Adjektiv** für diese Sätze:
   a) Sabine füttert ihren grünen Kanarienvogel.
   b) Tom repariert sein kaputtes Fahrrad.

Das solltest du dir fürs Erste merken:

> **Substantive** stehen für Personen, Tiere, Pflanzen, Sachen aber auch für Dinge, die man sich nur *vorstellen* oder die man nur *fühlen* kann: z. B. *Angst, Freude* usw. **Verben** teilen mit, was geschieht, was jemand denkt, macht usw. **Adjektive** sagen uns, wie jemand oder etwas beschaffen ist, aussieht, riecht usw.

Substantive (Nomen)

Numerus, Genus und der Artikel

Der Mensch

Die Entwicklung **des Menschen** fand vor etwa 5 Millionen Jahren statt. Damals begannen die Urmenschen, **Nachkommen** der noch ganz affenähnlichen Vormenschen, sich vorwiegend aufrecht gehend zu bewegen und entsprechend veränderte sich allmählich ihr Körperbau. Der aufrechte Gang war wichtig für die Entwicklung der Menschheit, denn nun konnte man mit den Händen **Bäume** erklettern und **Werkzeuge** herstellen. Und je mehr **die Hände** gebraucht wurden, um **die Welt** zu „begreifen", etwas Eigenes zu schaffen und die Umwelt zu gestalten, desto mehr wuchs und entwickelte sich **das Gehirn.** Noch viele **Entwicklungsstufen** und viele Jahrmillionen liegen zwischen dem Urmenschen und den nachfolgenden Frühmenschen, Altmenschen und Jetztmenschen.

3. Schreibe alle Formen der fett geschriebenen Substantive in folgende <u>unvollständige</u> Liste! Vergiss den **Artikel** (*der, die, das, ...*) nicht!

	EINZAHL			MEHRZAHL
1.	der Mensch	des Menschen	dem Menschen	die Menschen
2.	der Nachkomme	_____	dem Nachkommen	_____
3.	_____	der Hand	der Hand	_____
4.	der Baum	_____	_____	_____
5.	_____	des Werkzeugs	_____	_____
6.	die Entwicklungsstufe	der Entwicklungsstufe	_____	_____
7.	die Welt	_____	_____	_____
8.	_____	_____	_____	die Gehirne

Der Numerus / die Grundform. Jedes Substantiv hat, wie du aus der Liste ersehen kannst, verschiedene Formen in der Einzahl **(Singular)** und in der Mehrzahl **(Plural)**. Für jedes Substantiv gibt es eine **Grundform** im Singular und im Plural, z. B.: *der Baum* (Singular), *die Bäume* (Plural). Alle anderen Formen sind **abgewandelte Formen**. Vollständig wirst du sie im Kapitel Kasus II kennen lernen. Substantive werden **dekliniert** („gebeugt"); man spricht von **Deklination**. Übrigens: Vereinzelt gibt es auch Substantive, die nur eine Singularform haben, z. B.: *das Laub, der Regen*.

Das Genus. Jedes Substantiv hat ein bestimmtes **Genus** (Geschlecht). Es gibt drei Genera: **Maskulinum** (*der, des, dem, die*), **Femininum** (*die, der, der, die*) und **Neutrum** (*das, des, dem, den*). Steht das Substantiv in der Grundform, kannst du am Artikel das Genus (*der Mensch, die Welt, das Gehirn*) erkennen.

Der Artikel. Jedes Substantiv hat einen **Artikel** (Begleiter). Neben dem **bestimmten** Artikel (*der, die, das*) gibt es auch den **unbestimmten** Artikel (*ein, eine, ein*).

Substantive

Substantive

4. Finde selbst die Merkmale in 2, 3, 4 und 5!
Achte darauf, dass es Wörter gibt, die sich bei der Umsetzung vom Singular in den Plural nicht verändern!

	Singular	Plural	**Merkmale** ä, ö, ü + Endung
1	der Ball	die Bälle	ä + -e
2	der Mensch, die Gabel	die Menschen, die Gabeln	
3	das Rad	die Räder	
4	das Auto	die Autos	
5	der Apfel, der Kuchen	die Äpfel, die Kuchen	

5. Setze an Stelle der Bilder zehn Substantive und ordne sie nach den 5 Pluralformen!

10

6. Setze den richtigen bestimmten / unbestimmten Artikel in den Lückentext ein!

Es war einmal _____ Bauer. _____ Bauer hatte _____ Sohn mit Namen Dandy. Dandy ging jeden Morgen mit seiner Ente Gundula spazieren. Gundula liebte _____ Tau der Frühe, obwohl sie _____ Holzente mit wippendem Kopf und Rädern war. Eines Tages verlor _____ Ente _____ Schraube und fiel auseinander. _____ Schraube war kaputt. Schnell musste _____ neue her. Dandy, nicht auf _____ Kopf gefallen, wollte _____ neue schnitzen, es fehlte nur _____ Kiefer, denn aus diesem Holz war _____ Ente! Ritze-ratze; es fiel _____ Baum und leider auch _____ Gartenzaun …

Substantive

11

Kasus I

Substantive können in vier verschiedenen Fällen (Kasus) im Satz verwendet werden.

Beispiel 1: **maskuline Substantive**

Der Sohn	des Bauern	baut	der Ente	eine Schraube.
= **Nominativ**	= **Genitiv**		= **Dativ**	= **Akkusativ**

7. Vervollständige jetzt die weiteren Beispiele, indem du die fehlenden Artikel und Endungen setzt! Beachte die veränderten Formen der Artikel, je nachdem, ob es sich um ein Femininum oder um ein Neutrum handelt.

Beispiel 2: **feminine Substantive**

___ Tochter	___ Bäuerin	schenkt	___ Nachbarin	___ Vogel
= **Nominativ**	= **Genitiv**		= **Dativ**	= **Akkusativ**

Beispiel 3: **neutrale Substantive**

___ Enkelin	___ alten Mannes	frisiert	___ Kaninchen	___ Fell
= **Nominativ**	= **Genitiv**		= **Dativ**	= **Akkusativ**

8. Nimm noch einmal dieselben 3 Beispiele und setze alle Substantive in den **Plural**. Achte auch hier auf die Veränderungen beim Artikel und achte ferner auf die Endungen!

Nominativ	Genitiv	Dativ	Akkusativ

Du hast nun alle vier Kasus des Deutschen kennen gelernt und konntest sehen, dass sich die Artikel ändern, abhängig davon, ob das Substantiv maskulin, feminin oder neutral bzw. Singular oder Plural ist.
Wichtig ist für dich, dass du jeden Kasus in einem Satz eindeutig feststellen kannst. Dazu gibt es einfache Merkregeln und **Fragetechniken,** die Lisa und Tom für dich zusammengestellt haben.

Der **Nominativ** fragt nach: **Wer** oder **was** ...?
Beispiele: *Das Flugzeug* hebt pünktlich ab.
Wer oder *was* hebt pünktlich ab? *Das Flugzeug.*

Der **Akkusativ** fragt nach: **Wen** oder **was** ...?
Beispiele: *Der Pilot besteigt das Flugzeug.*
Wen oder *was* besteigt der Pilot? *Das Flugzeug.*

Der **Dativ** fragt nach: **Wem** oder **was** ...?
Beispiele: *Das Flugzeug nützt dem Passagier bei der Reise.*
Wem oder *was* nützt das Flugzeug bei der Reise?
Dem Passagier.

Der **Genitiv** fragt nach: **Wessen** ...?
Beispiele: *Das Flugzeug des Passagiers hat Verspätung.*
Wessen Flugzeug hat Verspätung? *Des Passagiers.*

9. Frage nach den Substantiven, die unterstrichen sind, und stelle dadurch ihren Kasus fest! Ergänze in den Klammern **N** (Nominativ), **G** (Genitiv), **D** (Dativ) und **A** (Akkusativ).
Beispiel: Um neun steht <u>mein Opa</u> auf. (<u>Wer</u> steht um neun auf? = N)

Mein Opa
Um neun steht <u>mein Opa</u> ( ) auf. Dann gibt er <u>seinem Papagei</u> ( ) <u>frisches Wasser</u> ( ). Er macht sich dann <u>eine Tasse Kaffee</u> ( ). In seinem blauen Sessel liest er <u>die Morgenzeitung</u> ( ). Eine Stunde später nimmt er <u>seine Jacke</u> ( ) und geht spazieren. Am See <u>des Stadtparks</u> ( ) trifft er <u>einen alten Schulfreund</u> ( ). Sie erzählen sich <u>lustige Geschichten</u> ( ). Auf dem Nachhauseweg kauft er <u>Brot, Fleisch, Käse und Wein</u> ( ) ein. <u>Der Papagei</u> ( ) begrüßt <u>meinen Opa</u> ( ) mit Gekreische. <u>Opa</u> ( ) reicht <u>dem Schreihals</u> ( ) das Futter. Das ist der Tag <u>meines Opas</u> ( ).

Kasus II

10. Schreibe in die Klammern den Kasus **(Nom, Gen, Dat, Akk)** und den Numerus **(Sg, Pl)** des jeweiligen Substantivs (oder Substantivgruppe)! Beispiel: *unserer Mannschaft* (Dat, Sg) für Dativ, Singular

Das Reich der Ägypter
In der fruchtbaren Ebene des Nils (,) entstand das Reich (,) der Ägypter (,). Als Gottkönig herrschte der Pharao (,). Seine Beamten bedienten sich der Hieroglyphenschrift (,). Bauern und Handwerker lieferten dem Pharao (,) Steuern und Abgaben (,). Die Ägypter glaubten an ein Weiterleben nach dem Tod (,). Wohlhabende Ägypter erhielten prächtig ausgemalte Gräber (,), in denen Sie als Mumien bestattet wurden. Die Pharaonen (,) ließen sich gewaltige Pyramiden als Grabbauten errichten. Daneben entstanden prachtvolle Tempel (,) für die vielen Götter (,) der Ägypter (,).

Wir unterscheiden 3 Deklinationen!
1. starke Deklination

	Singular		Plural	
Nominativ	der	Fluss	die	Flüsse
Genitiv	des	Fluss**es**	der	Flüsse
Dativ	dem	Fluss	den	Flüss**en**
Akkusativ	den	Fluss	die	Flüsse

Bei der starken Deklination enden die Genitivformen im Singular auf *-(e)s*, die Dativformen im Plural auf *-(e)n*!

11. Dekliniere ebenso *Eimer* und *Kind!*

2. schwache Deklination (n-Deklination)

	Singular		Plural	
Nominativ	der	Mensch	die	Menschen
Genitiv	des	Menschen	der	Menschen
Dativ	dem	Menschen	den	Menschen
Akkusativ	den	Menschen	die	Menschen

Bei der schwachen Deklination haben die Substantive im Nominativ Singular keine Endung; in allen anderen Fällen enden sie jeweils auf *-(e)n*.

12. Prüfe dieses Ergebnis noch einmal an dem Beispiel *der Bauer* nach!

3. gemischte Deklination

	Singular		Plural	
Nominativ	das	Ohr	die	Ohren
Genitiv	des	Ohres	der	Ohren
Dativ	dem	Ohr	den	Ohren
Akkusativ	das	Ohr	die	Ohren

Substantive der gemischten Deklination werden im Singular stark, im Plural schwach dekliniert!

13. Prüfe das Ergebnis an dem Beispiel *das Ende* nach!

14. Setze den richtigen Kasus der Substantive ein!
Die _____ (Der Pharao) ließen _____ (die Götter) großartige „Wohnanlagen" errichten. Diese Tempel bewundern _____ (der Tourist) aus aller Welt noch heute in ganz Ägypten. Im „Haus des Lebens", der Bibliothek _____ (der Tempel), erzog man die gebildete Schicht der _____ und _____ (der Beamte, der Künstler und der Schreiber) aus. Den _____ und _____ (Beamte, Handwerker, Priester und Bauer) gehörte ein reicher Landbesitz im Umkreis des Tempels. Jede Tempelanlage glich deshalb _____ (die kleine Stadt). Der berühmteste Tempel steht in Luxor, das frühere Theben. Er war _____ (der Reichsgott) Amun und dessen Frau Mut geweiht.

Pronomen

Personalpronomen

In der Grundschule hast du bereits **persönliche** und **besitzanzeigende Fürwörter** unterscheiden gelernt.
Das persönliche Fürwort nennen wir jetzt **Personalpronomen**.

Achte in dieser Übersicht besonders auf die 3. Person Singular! Hier wird zwischen Maskulinum, Femininum und Neutrum unterschieden.

Nominativ	Singular			Plural
1. Person	**ich**			**wir**
2. Person	**du**			**ihr**
höfliche Anrede	**Sie**			**Sie**
3. Person	**er**	**sie**	**es**	**sie**
Akkusativ	Singular			Plural
1. Person	**mich**			**uns**
2. Person	**dich**			**euch**
höfliche Anrede	**Sie**			**Sie**
3. Person	**ihn**	**sie**	**es**	**sie**
Dativ	Singular			Plural
1. Person	**mir**			**uns**
2. Person	**dir**			**euch**
höfliche Anrede	**Ihnen**			**Ihnen**
3. Person	**ihm**	**ihr**	**ihm**	**ihnen**
Genitiv	Singular			Plural
1. Person	**meiner**			**unser**
2. Person	**deiner**			**euer**
höfliche Anrede	**Ihrer**			**Ihrer**
3. Person	**seiner**	**ihrer**	**seiner**	**ihrer**

Das Personalpronomen **e r s e t z t** ein Substantiv im Nominativ, Dativ, Akkusativ oder Genitiv.
Beispiel: 3. Person Singular Maskulin
(statt: der Arzt) → er   (statt: den Arzt) → ihn
(statt: dem Arzt) → ihm   (statt: des Arztes) → seiner

15. Ersetze, um Wiederholungen zu vermeiden, die Substantive Oma und Arzt, nachdem sie einmal genannt wurden.

Oma und der Arzt kennen sich schon seit vielen Jahren. Oma besucht ihren Arzt wöchentlich. Muss der Arzt dagegen einmal Oma besuchen, dann kann man davon ausgehen, dass Oma ernsthaft krank ist und dringend ihren Arzt braucht. Zu Ostern, Weihnachten und zum Geburtstag ist es selbstverständlich für Oma, ihrem Arzt ein Geschenk zu machen. Der Arztbesuch macht Oma dann doppelten Spaß und der Arzt freut sich nicht weniger.

16. Ersetze in folgenden Sätzen die unterstrichenen Substantivgruppen oder Namen durch Personalpronomen! Bedenke, dass sich manchmal die Reihenfolge umdreht.

Beispiel: *Gestern haben <u>Tom und Lisa</u> <u>ihren Eltern</u> <u>ein Bild</u> gemalt. Gestern haben <u>sie</u> <u>es</u> <u>ihnen</u> gemalt.*

(1) Ich treffe <u>Herrn Posch.</u> (2) Wir gedenken <u>Frau Bögelberg.</u> (3) Hast du <u>die Schüler der 5 c</u> gesehen? (4) <u>Winfried</u> hat <u>das Buch</u> nicht. (5) Bea lieh es <u>Winfried</u> aber gestern. (6) <u>Gus</u> schenkte <u>seiner Freundin</u> <u>ein Bild.</u> (7) Er zeigt <u>der Gastschülerin</u> <u>seine Heimatstadt.</u> (8) Fragen Sie bitte <u>die Nachbarin,</u> ob sie <u>die Kinder</u> gesehen hat! (9) Habt ihr <u>Frau Löwenmaul</u> <u>den Gymnastikball</u> gebracht? (10) <u>Tom und Lisa</u> haben <u>Lutz</u> <u>die Haare</u> gefärbt.

17. Nachdem du die vorherige Aufgabe bestimmt leicht lösen konntest, kannst du die Reihenfolge von Dativ und Akkusativ im folgenden Merksatz jetzt sicher selbst bestimmen.

Wenn zwei Pronomen hintereinander stehen, kommt zuerst der _____ und dann der _____ .

Possessivpronomen und Reflexivpronomen

Das Possesivpronomen

> Das besitzanzeigende Fürwort nennen wir **Possessivpronomen.** Im Unterschied zum Personalpronomen ist das Possessivpronomen nur ein **Begleiter** des Substantivs, ähnlich wie der Artikel und zeigt ein **Besitzverhältnis** an:
> Beispiel: *der Mann* **seine** Schuhe   *die Männer* **ihre** Schuhe
>   *die Frau* **ihre** Schuhe   *die Frauen* **ihre** Schuhe
>   *das Kind* **seine** Schuhe   *die Kinder* **ihre** Schuhe
> Oder es zeigt eine **enge Verbindung** an:
> Beispiel: *die Klasse von Frau Bürzel*   **ihre** Klasse
> Das Possessivpronomen richtet sich in Kasus, Numerus und Genus nach dem begleiteten Nomen.
> Beispiel: *der Ball* (Nominativ Singular Maskulin)   **mein** Ball
>   *den Ball* (Akkusativ Singular Maskulin)   **meinen** Ball

18. Versuche aus den Endungen der Possessivpronomen den Kasus abzulesen! Frage bei jedem Satz nach Wer?, Wessen?, Wem? oder Wen? Dann ist die Übung leichter.

	Kasus	Frage
Mein Hund begleitet mich.	**Nom**	**Wer** begleitet ...?
Ich liebe **meinen Hund**.		
Du schenkst **seiner Schwester** Blumen.		
Wir können **seinem Gejaule** nicht mehr zuhören.		
Sein Zimmer räumt er nie auf.		
Eure Taschen liegen im Flur!		
Haben sie sich bei **ihren Nachbarn** entschuldigt?		

19. Erstelle nun selber eine Liste aller Possessivpronomen, die so aussieht wie bei den Personalpronomen (s. S. 16). Verwende als Besitzobjekt das Neutrum *das Buch*.

Das Reflexivpronomen

Akkusativ: mich, dich, sich, uns, euch, sich. Beispiel: *Ich wasche mich.*
Dativ: mir, dir, sich, uns, euch, sich. Beispiel: *Ich putze mir die Nase.*

Das Reflexivpronomen bezieht sich immer auf das Subjekt im Satz. Immer wenn du **selbst** hinzufügen kannst, handelt es sich um ein Reflexivpronomen, z. B.: *Ich wasche mich (selbst).*

20. Markiere die Pronomen: ○ = Personalpronomen, □ = Possessivpronomen, ← = Reflexivpronomen

Albert Schweitzer

Albert Schweitzer lebte von 1875 bis 1965. Er ( ) war evangelischer Pfarrer und Professor für Theologie. Später studierte er Medizin und gründete im Urwald von Gabun das Tropenkrankenhaus Lambaréné. Es diente vor allem der Behandlung von Leprakranken. Diese Krankheit ist ansteckend und sie ( ) führt zu einem schlimmen Aussatz am ganzen Körper. Schweitzer wollte die vielen Leprakranken nicht ihrem ( ) Schicksal überlassen und widmete sich ( ) zeit seines ( ) Lebens der Linderung ihres ( ) Leidens. Der vielbegabte Schweitzer finanzierte sein ( ) Urwaldkrankenhaus als Orgelsolist und als Schriftsteller. 1927 konnte er es ( ) um ein großes Gebäude erweitern. Für sein ( ) Lebenswerk wurde Schweitzer 1952 ausgezeichnet. Man verlieh ihm ( ) den Friedensnobelpreis. Sein ( ) Leben stellte er ( ) ganz unter das Motto „Ehrfurcht vor dem Leben". Es verschaffte ihm ( ) seine ( ) Weltgeltung als großer Menschenfreund.

Interrogativpronomen

> Sven hat vergessen meine Inliner zurückzubringen. **Was für ein** Pech! Über's Wochenende sind Sven und seine Eltern nicht zu Hause! **Wessen** Inline-Skates könnte ich mir wohl inzwischen ausleihen?

So wie Tom verwenden wir alltäglich in gesprochener und geschriebener Sprache Fragefürwörter. Wir nennen sie **Interrogativpronomen**.

Wir können zwei Gruppen von Interrogativpronomen unterscheiden: Solche, die man nicht deklinieren kann (*Wo? Warum? Wann? Wie?* etc.) und solche, die ähnlich wie **Possessivpronomen** dekliniert werden, weil sie als **Begleiter** eines Nomens auftreten.
Beispiel: *Welcher Mann? Welche Frau? Welches Kind?*

Die folgende Tabelle zeigt dir, wie die Fragepronomen, mit deren Hilfe du bereits gelernt hast den Nominativ, Akkusativ, Dativ und Genitiv zu erfragen, dekliniert werden:

Wer?	Singular			Plural
	Maskulin	Feminin	Neutrum	
Nom	We**r**?	Wer?	Was?	(Wer oder was?)
Akk	We**n**?	Wen?	Was?	(Wen oder was?)
Dat	We**m**?	Wem?	Wem?	(Wem oder was?)
Gen	We**ssen**?	Wessen?	Wessen?	(Wessen?)

Nominativ: **Wer** spricht?   Akkusativ: **Wen** kennst du?
Dativ: **Wem** schenkst du ...?   Genitiv: **Wessen** Heft ist das?

Welcher?	Singular			Plural
	Maskulin	Feminin	Neutrum	
Nom	Welcher?	Welche?	Welches?	Welche?
Akk	Welchen?	Welche?	Welches?	Welche?
Dat	Welchem?	Welcher?	Welchem?	Welchen?
Gen	Welchen/s?	Welcher?	Welchen/s?	Welcher?

Was für ein?	Singular			Plural
	Maskulin	Feminin	Neutrum	
Nom	Was für ein?	Was für eine?	Was für ein?	Was für?
Akk	Was für einen?	Was für eine?	Was für ein?	Was für?
Dat	Was für einem?	Was für einer?	Was für einem?	Was für?
Gen	Was für eines?	Was für einer?	Was für eines?	Was für?

21. Frage nach den unterstrichenen Satzteilen mit **Welcher** ...?
Beispiel: Die Brille gehört **der alten Frau**. **Welcher Frau?**

Frau Bockenstett kauft <u>einen braunen Hut</u>.
<u>Eine silbergraue Siamkatze</u> ist entlaufen.
Das ist die Katze <u>des kleinen Mannes</u>.
<u>Dem freundlichen Mädchen</u> glauben wir.

22. Frage nach den unterstrichenen Satzteilen! Wähle dabei das richtige Fragepronomen aus den Gruppen *Wer?* oder *Was für ein?*

Schon wieder vermisst Tom <u>seine Inliner</u>.
Ich stell mir <u>einen zwei Meter hohen Baum</u> ins Zimmer.
<u>Olivers Fußballschuhe</u> sind verschwunden.
Mutti kocht <u>uns</u> Kakao.
Lisa stellt Tom <u>ihre Freundin aus England</u> vor.
Die Äpfel hat <u>Vati</u> auf dem Wochenmarkt gekauft.
Herr Uçar hat uns <u>ein riesiges Eis</u> spendiert.
Ich suche eine <u>rotweiß gestreifte Katze</u>.

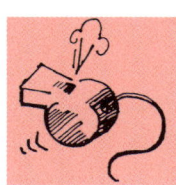

Verben

Person und Numerus

Wir haben dir schon gezeigt, dass Substantive in unterschiedlichen Fällen im Satz auftreten können. Wir haben sie Nominativ, Dativ, Akkusativ und Genitiv (die Kasus) genannt. Welche Wortart entscheidet aber darüber, welche und wie viele solcher Fälle gleichzeitig im Satz vorkommen?

Nehmen wir als Beispiel die drei **Verben**: *malen, welken, hängen*!

1		2	3
Martina	malt		
Sie	malt	ein Bild	
Sie	malt	ihrem Freund	ein Bild
Die Blume	welkt		
Das Bild	hängt	an der Wand	

Bei unserem Spiel brauchen wir mindestens drei Mitspieler.

Du siehst: Das Verb *malen* kann mit bis zu drei „Mitspielern" (Substantive oder Substantivgruppen) gebraucht werden; *welken* nur mit einem und *hängen* braucht zwei!

Mit dem Verb kann eine **Tätigkeit** (*malen*), ein **Vorgang** (*welken*) oder ein **Zustand** (*hängen*) ausgedrückt werden.

23. Versuche, ähnlich wie oben, die „Mitspieler", <u>die möglich sind,</u> für folgende Verben selbst zu ergänzen. Wähle Pronomen und Substantive als „Mitspieler" aus und achte dabei auf die Form des Verbs!

	helfe		
	verlierst		
	wächst		
	erinnern sich		
	schenkt		
	kaufen		
	tragt		
	verbieten		

Aus der Aufgabe konntest du ersehen, dass Verben unterschiedliche Formen annehmen können.

Beispiel: *helfen*

Person	Numerus			
	Singular		Plural	
1. Person	ich	hel<u>fe</u>	wir	hel<u>fen</u>
2. Person	du (Sie)	hil<u>fst</u> (helfen)	ihr (Sie)	hel<u>ft</u> (helfen)
3. Person	er, sie, es	hil<u>ft</u>	sie	hel<u>fen</u>

Verben

Jedes Verb hat eine Grundform, den **Infinitiv**: z. B. *helfen*. Und jedes Verb besitzt acht **Personalformen**: z. B. ist *hilft* eindeutig die 3. Person Singular; *helfen* ist der Infinitiv, gleichzeitig ist es auch 1. Person Plural oder 3. Person Plural, aber auch die Höflichkeitsform der 2. Person Singular und Plural. Ähnlich wie bei den Substantiven, die wir auch „beugen" (deklinieren) können, sprechen wir bei Verben vom **Konjugieren** (Substantiv: **Konjugation**).

Ah ja! Substantive werden also dekliniert und Verben konjugiert.

24. Hier fehlen die Personalpronomen, die du in Abhängigkeit von der Personalform des Verbs wählen sollst. Bedenke, dass manchmal auch verschiedene Pronomen für eine Verbform geeignet sind!

_____ zieht um. ___ trinkst gern Kakao. Sicher entschuldigen ___ sich noch bei euch. Sicher entschuldigt _____ euch noch bei ihnen. ___ hole dich ab. Heute gehen _____ ins Museum? Schläft _____ noch? ____ schlaft ja immer noch!

Manche Verben werden **stark** und manche **schwach** konjugiert. Die meisten Verben werden schwach konjugiert, d. h. die Stammsilbe ändert sich bei der Konjugation des Verbes nicht, z. B. das Verb *kaufen*: *ich **kaufe** – du **kaufst** – er, sie, es **kauft***. Das Verb *fahren* wird stark konjugiert. Die Stammsilbe ändert sich in der 2. und 3. Person Singular: *ich **fahre** – du **fährst** – er, sie, es **fährt** – wir **fahren** – ihr **fahrt** – sie **fahren***.

25. Konjugiere die Infinitive der folgenden Verben nach den Angaben in den Klammern!

tragen (2. Person Pl.): _____
kochen (1. Person Pl.): _____
nehmen (2. Person Sg.): _____
nehmen (2. Person Pl.): _____
sehen (3. Person Sg.): _____
vergessen (2. Person Sg.): _____

Tempus I

Osterferien mit meiner Freundin Diana
Heute <u>sehe</u> ich Diana zum ersten Mal seit zwei Jahren <u>wieder</u>. Sie <u>kommt</u> mit dem Flugzeug aus London. Dianas Eltern <u>sind</u> nämlich damals nach England <u>gezogen</u>, weil ihr Vater bei einer großen Computerfirma einen Job <u>bekommen hatte</u>. Ich <u>kann</u> mich noch ganz genau an unseren letzten Tag vor ihrer Abreise <u>erinnern</u>. Wir <u>waren</u> beide sehr traurig, denn Diana und ich <u>sind</u> die besten Freundinnen, die man sich <u>vorstellen kann</u>. Am schlimmsten <u>war</u>, dass wir nicht <u>wussten</u>, wann wir uns <u>wiedersehen würden</u>. Aber jetzt <u>ist</u> es sicher: In zwei Stunden <u>hole</u> ich sie mit Vati vom Flughafen <u>ab</u>. Wir <u>haben</u> uns schon viele lustige Dinge <u>überlegt</u>, die wir in den nächsten zwei Wochen alles <u>machen</u> <u>werden</u>.
(Vera M., 12 Jahre)

Wenn du diesen Tagebucheintrag gelesen hast, fällt dir sicher auf, dass Vera nicht nur davon spricht, was sie **jetzt gerade** denkt, sondern auch davon, was sich **früher** ereignet hat, und schließlich auch davon, was **in der nächsten Zeit** zu erwarten ist.

> Mündlich wie schriftlich verwenden wir immer wieder **3 Zeitstufen**:
> **Gegenwart:** Was passiert **jetzt gerade**?
> **Vergangenheit:** Was war **früher**?
> **Zukunft:** Was wird in der **nächsten / kommenden Zeit** sein?

Überlege, auf welche Zeitstufe sich Veras Aussagen beziehen! Hier sind drei Beispiele aus dem Text:
a) *heute sehe ich ... wieder* → Zukunft
b) *sind ... damals nach England gezogen* → Vergangenheit
c) *ich kann mich ... genau erinnern* → Gegenwart

Begründung:
a) Das Wiedersehen ist zwar heute, aber erst in zwei Stunden, also: Zukunft.
b) Der Umzug war vor zwei Jahren, also: Vergangenheit.
c) Vera erinnert sich in diesem Moment, während sie schreibt, also: Gegenwart.

26. Schreibe nun hinter jeden Satz die richtige Zeitstufe, auf die sich Vera gerade bezieht. Orientiere dich dabei an den unterstrichenen Wörtern im Text auf der vorhergehenden Seite!

Osterferien mit meiner Freundin Diana
Heute sehe ich Diana zum ersten Mal seit zwei Jahren wieder (_____). Sie kommt mit dem Flugzeug aus London (_____). Dianas Eltern sind nämlich damals nach England gezogen, weil ihr Vater bei einer großen Computerfirma einen Job bekommen hatte (_____). Ich kann mich noch ganz genau an unseren letzten Tag vor ihrer Abreise erinnern (_____). Wir waren beide sehr traurig (_____), denn Diana und ich sind die besten Freundinnen (_____), die man sich vorstellen kann (_____). Am schlimmsten war (_____), dass wir nicht wussten (_____), wann wir uns wiedersehen würden. Aber jetzt ist es sicher (_____): In zwei Stunden hole ich sie mit Vati vom Flughafen ab (_____). Wir haben uns schon viele lustige Dinge überlegt (_____), die wir in den nächsten zwei Wochen alles machen werden (_____).

(Vera M., 12 Jahre)

Für Gegenwart, Vergangenheit und Zukunft müssen wir die richtigen Zeitformen des Verbs wählen. Mit Zeitform meinen wir **das Tempus** (Plural: **die Tempora**).

Die wichtigsten Tempora im Deutschen sind das **Präsens** (die Gegenwart), das **Perfekt** (die Vorzeitigkeit zur Gegenwart), das **Präteritum** (die Vergangenheit), das **Plusquamperfekt** (die Vorzeitigkeit zur Vergangenheit) und das **Futur** (die Zukunft).

Auf die **Gegenwart** bezieht sich
  das **Präsens**: *Jetzt **ist** es sicher.*
Auf die **Vergangenheit** beziehen sich
  das **Perfekt**: *Dianas Eltern **sind** nach England **gezogen**.* (Und leben heute dort. = Wirkung bis in die Gegenwart!)
  das **Präteritum**: *Wir **waren** beide sehr traurig.* (In dem Moment, als sich die beiden Mädchen voneinander verabschiedet haben.)
  das **Plusquamperfekt**: *Ihr Vater **hatte** einen Job **bekommen**.* (Bevor sie nach England zogen! = „Vorvergangenheit")
Auf die **Zukunft** beziehen sich
  das **Futur**: *Wir **werden** zu Ostern viel zusammen **machen**.*
  das **Präsens**: *Sie **kommt** mit dem Flugzeug.* (Statt: Sie wird mit dem Flugzeug kommen.)

Die folgenden Tabellen zeigen am Beispiel des schwachen Verbs *fragen* und des starken Verbs *nehmen* die verschiedenen Zeitformen im Überblick.

schwache Verben, z. B.: *fragen, fragte, gefragt*

Perfekt	Präteritum	Plusquamperfekt	Futur
ich habe gefragt	ich fragte	ich hatte gefragt	ich werde fragen
du hast gefragt	du fragtest	du hattest gefragt	du wirst fragen
er sie hat gefragt es	er sie fragte es	er sie hatte gefragt es	er sie wird fragen es
wir haben gefragt	wir fragten	wir hatten gefragt	wir werden fragen
ihr habt gefragt	ihr fragtet	ihr hattet gefragt	ihr werdet fragen
sie haben gefragt	sie fragten	sie hatten gefragt	sie werden fragen

starke Verben, z. B.: *nehmen, nahm, genommen*

Perfekt	Präteritum	Plusquamperfekt	Futur
ich habe genommen	ich nahm	ich hatte genommen	ich werde nehmen
du hast genommen	du nahmst	du hattest genommen	du wirst nehmen
er sie hat genommen es	er sie nahm es	er sie hatte genommen es	er sie wird nehmen es
wir haben genommen	wir nahmen	wir hatten genommen	wir werden nehmen
ihr habt genommen	ihr nahmt	ihr hattet genommen	ihr werdet nehmen
sie haben genommen	sie nahmen	sie hatten genommen	sie werden nehmen

Tempus II

Zusammengesetzte Tempusformen und ihre Wortarten

Wenn du die Tempusformen vergleichst, dann siehst du, dass es **einfache** und **zusammengesetzte Tempusformen** gibt!
Verbformen im Präsens und im Präteritum werden einfach gebildet, z. B.: *ich fahre* (Präsens), *ich fuhr* (Präterium).
Verben, die dagegen im Perfekt, Plusquamperfekt und Futur stehen, müssen mit den entsprechenden **Hilfsverben** erweitert werden.

Die Tabelle zeigt dir die Veränderungen von den Verben *kaufen* und *fahren* bei unterschiedlichen Tempusformen.

Perfekt		Plusquamperfekt		Futur	
habe	gekauft	hatte	gekauft	werde	kaufen
bin	gefahren	war	gefahren	werde	fahren
haben/sein (Präsens)	**Partizip II**	**haben/sein (Präteritum)**	**Partizip II**	**werden-Form**	**Infinitiv**

Das Perfekt und Plusquamperfekt brauchen also die jeweilige Form der **Hilfsverben** *haben* und *sein* sowie das **Partizip II** (Partizip der Vergangenheit); das Futur wird mit der *werden*-Form und dem Infinitiv gebildet.

Um alle Tempora eines Verbs bilden zu können, brauchst du den Infinitiv, den Präteritumstamm und das Partizip II:

	starke Verben	schwache Verben	unregelmäßige Verben
Infinitiv	fahren	kaufen	denken
Präteritumstamm	fuhr	kaufte	dachte
Partizip II	gefahren	gekauft	gedacht

Starke und unregelmäßige Verben ändern die Stammsilbe im Präteritum. Die unregelmäßigen Verben ähneln den schwachen Verben aber darin, dass sie **dieselben Präteritum- und Partizip-II-Endungen haben.**

27. Bilde zu den Infinitiven den Präteritum- und Partizipialstamm!

warten:	wartete	– gewartet
schließen:	_____	– _____
lügen:	_____	– _____
leihen:	_____	– _____
helfen:	_____	– _____
schmelzen:	_____	– _____
sitzen:	_____	– _____
lassen:	_____	– _____

28. Verwandle das Präsens in das Präteritum!

(1) Ein Gewitter überrascht einige Fischweiber auf dem Heimweg vom Fischmarkt. (2) Es ist schon spät. (3) Am Weg liegt der Blumenladen eines Gärtners. (4) Der nimmt sie für die Nacht auf. (5) Sie versuchen zu schlafen, doch vergebens. (6) Der starke Geruch der Blumen hindert sie am Einschlafen. (7) Da hat eine von ihnen eine Idee. (8) Sie gießt ein paar Kannen Fischwasser über die Blumen. (9) Der Geruch wiegt sie bald in den Schlaf. (10) Sie schlafen noch, als der Gärtner morgens in seinen Laden kommt. (11) Der wundert sich, weil es nach Fischen riecht.

(nach einer indischen Legende)

29. (a) Wähle für die Verben in Klammern die richtige Personalform: entweder Präteritum oder Plusquamperfekt oder Perfekt!
(b) Ordne diese Verben dann den drei Gruppen zu: starke Verben, schwache Verben und unregelmäßige Verben!

Einst _____ der Bauer Fong einen Tag lang seine Axt (suchen). Er _____ sie jedoch nicht (finden). Nun _____ er _____ seinen Nachbarn Feng zu beobachten (anfangen) und er _____ sich dabei eine Menge Fragen zu stellen: _____ Feng, der Nachbar, nicht genau so wie ein Axtdieb (beginnen, Gehen)? _____ seine Worte nicht wie die eines Axtdiebs (Klingen)? _____ und _____ er nicht wie ein Axtdieb _____ (lachen, dreinschaun)? _____ er sich nicht zweifellos wie ein Axtdieb (benehmen)? Kurz darauf _____ seine Frau die gesuchte Axt (bringen). Sie _____ sie gerade unter der Treppe _____ (finden). Fong schlug sich an die Stirn: „_____ ich sie nicht selbst gestern dort _____ (hinlegen)?" Als sich Fong am nächsten Tag wieder mit seinem Nachbarn unterhielt, _____ der Nachbar sich völlig (verändern). Plötzlich _____ er wieder ganz normal (sein). Im Stillen _____ Fong seinen Fehler (erkennen).

(nach einer chinesischen Weisheit)

Imperativ

Komm heut Nachmittag zu mir und erklär mir Mathe!

He! Das klingt ja wie ein Befehl! Geht's nicht etwas freundlicher?

Bitte, liebe Lisa, bring mir diese Matheaufgaben bei, sonst seh' ich schwarz für die nächste Schulaufgabe!

Klar doch. Hilf du mir aber in Physik. Ich peile da nämlich gar nichts.

Aufforderungen, **Wünsche** und **Befehle** werden im Deutschen mit dem **Imperativ** (Befehlsform) gebildet. Als Satzzeichen steht üblicherweise das Anführungszeichen (!).

Die Befehlsform gibt es nur in der 2. Person Singular und Plural Präsens, z. B. *komm(e)!, kommt!*. Wird die Befehlsform eines Verbs in der Höflichkeitsform verwendet, muss ein Pronomen folgen, z. B. *Kommen Sie!*.

		Höflichkeitsform	
2. Person Singular	2. Person Plural	3. Person Singular	3. Person Plural
Komme!	Kommt!	Kommen Sie!	Kommen Sie!
Erkläre!	Erklärt!	Erklären Sie!	Erklären Sie!
Hilf!	Helft!	Helfen Sie!	Helfen Sie!

In der geschriebenen Sprache wird anders als in der gesprochenen Sprache noch die Endung -e an die 2. Person Singular angehängt. Dies gilt aber nicht für alle Verben, wie du bei dem Verb *helfen* sehen kannst!

30. Unterstreiche die Imperativformen!

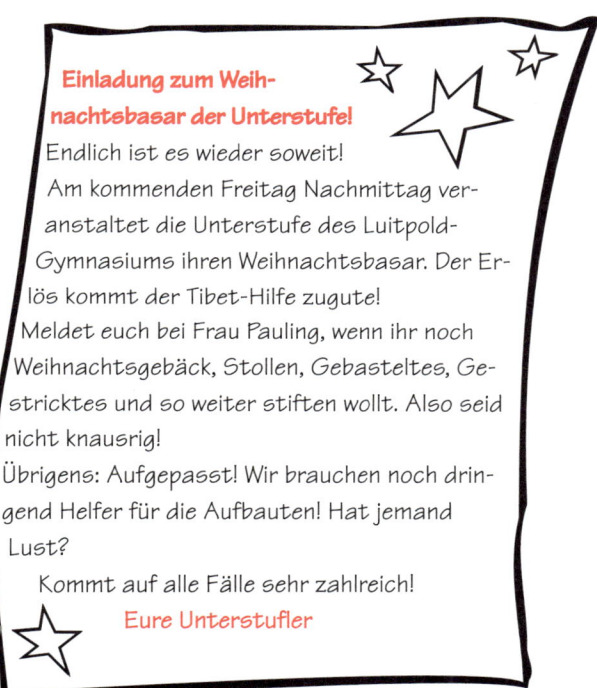

Einladung zum Weihnachtsbasar der Unterstufe!

Endlich ist es wieder soweit!
Am kommenden Freitag Nachmittag veranstaltet die Unterstufe des Luitpold-Gymnasiums ihren Weihnachtsbasar. Der Erlös kommt der Tibet-Hilfe zugute!
Meldet euch bei Frau Pauling, wenn ihr noch Weihnachtsgebäck, Stollen, Gebasteltes, Gestricktes und so weiter stiften wollt. Also seid nicht knausrig!
Übrigens: Aufgepasst! Wir brauchen noch dringend Helfer für die Aufbauten! Hat jemand Lust?
Kommt auf alle Fälle sehr zahlreich!

Eure Unterstufler

31. Suche aus den folgenden zehn Sätzen die Imperativsätze heraus und unterstreiche sie! Vorsicht: Nicht alle Aufforderungssätze enthalten Imperativformen!

1. Räumt bitte eure Bänke auf! 2. Legt ihr das Buch in den Schrank? 3. Du fährst jetzt sofort nach Hause! 4. Vergessen Sie nicht Ihre Schlüssel! 5. Pass doch etwas mehr auf! 6. Holst du mir jetzt endlich die Noten? 7. Kommt bloß auf keine dummen Gedanken! 8. Trefft ihr euch mit diesem Idioten? 9. Ihr seid jetzt dran! 10. Helfen Sie bei der Suche?

Präpositionen

Wörter wie *bei, wegen, gegen, mit* sind **Präpositionen** (Verhältniswörter). Solche Wörter stehen vor anderen Wörtern oder Wortgruppen und geben das Verhältnis oder die Beziehung dieser Wortgruppe zum Geschehen im Satz an. Wir unterscheiden vier solcher **Angaben**:

einen **Ort** angebend: **bei Jessica** (Wo? Wohin? Woher?)
eine **Zeit** angebend: **gegen drei** (Wann?)
einen Grund angebend: wegen der Lateinschulaufgabe (Warum? Weshalb?)
die **Art und Weise** angebend: **mit dem Bus** (Wie? Auf welche Weise?)

Manche Präpositionen können übrigens mehrere solcher Beziehungen andeuten. Beispiel: **vor der Schule** (Wann oder Wo?); **vor** Hunger (Warum?)

32. Unterstreiche die Präpositionen und stelle durch Fragen fest, welche Angabe (Ort, Zeit, Grund, Art und Weise) sie einleiten!
Beispiel: *Wir schwimmen ans Ufer.* (**Wohin** schwimmen wir? = Ort)

1. Ab kommender Woche spielen wir in der Halle. 2. Das steht doch im Buch. 3. In großen Sätzen sprang der Hund auf uns zu. 4. Beim Abendessen flog alles auf. 5. Ich musste mich zwischen Tante Frieda und Onkel Bert setzen. 7. Während ihrer Gesangsproben gehe ich wegen des Lärms zu Oma Else.

In der letzten Aufgabe sind dir vermutlich die Präpositionen *ans*, *im* und *beim* gar nicht besonders aufgefallen. Du solltest aber wissen, wie solche Formen zustande kommen. Es sind Verschmelzungen aus Präposition und Artikel: an das → ans; in dem → im; bei dem → beim; zu der → zur; usw.

Achte einmal auf die Veränderungen nach der Präposition *an*!
*Ich hänge ein Bild an **die Wand**.* (Akkusativ)
*Ein Bild hängt an **der Wand**.* (Dativ)
Offensichtlich ist es möglich, die Präposition an mit einem Nomen im Akkusativ oder Dativ zu verbinden. Übrigens verändert sich dabei die Aussage.

33. Prüfe mit eigenen Satzbeispielen, ob die Präpositionen einen Akkusativ, Dativ oder Genitiv zulassen.

über:	über den / dem Fußballplatz (Akkusativ / Dativ)
durch:	durch das / dem Fenster (Akkusativ / Dativ)
in:	in die / der Schule (Akkusativ / Dativ)
seit:	seit diesen / diesem Tag (Akkusativ / Dativ)
während:	während des / dem/n Tages (Genitiv / Dativ / Akkusativ)

34. Ergänze den Merksatz mit den Präpositionen aus der Übung!

Die Präpositionen entscheiden darüber, welchen **Kasus** die nachfolgenden Nomen oder Pronomen annehmen. Manche Präpositionen verlangen allein den Akkusativ (z. B. _____, *für, gegen*), manche nur den Dativ (z. B. _____, *bei, mit*) und manche lassen beide Kasus zu (z. B. ___, *über, an*). Andere wiederum verlangen den Genitiv (z. B. _____, *wegen, außerhalb*).

Adjektive

Eine **paradiesische** Welt am Teich
In den **großen** Ferien hielten Pete und ich uns am **liebsten** am **tiefgrünen** Weiher auf, der sich hinter der **windschiefen** Scheune des Bauern Wälse befindet. Die **wunderschönsten** Farne umsäumen ihn und **feinädrige** Wasserpflanzen stehen dicht unter der Wasseroberfläche. **Dünnbeinige** Insekten schwirrten darüber hinweg und **fette** Wasserflöhe glitten umher wie **winterliche** Eisläufer. Ein **riesiger** Grasfrosch hockte am Uferrand und vollbrachte einen **ohrenbetäubenden** Lärm. Die Hauptattraktion war jedoch die **majestätische** Libelle, die mit **hoher** Geschwindigkeit und **surrendem** Geräusch heranflog und dann **gefährliche** Manöver ausführte. Sie flog ihre **runden** und **winkligen** Bahnen über dem Teich wie ein Ufo aus StarTrack und konnte urplötzlich in der Luft stehen bleiben.

Adjektive (Eigenschaftswörter) sind häufig Begleiter von Substantiven. Beispiel: *die **bunte** Libelle; mit **hoher** Geschwindigkeit*. Sie übernehmen dann Kasus, Numerus und Genus des Substantivs, d. h. sie sind **deklinierbar**.

Die Grundform des Adjektivs findest du, wenn du einen Satz mit „ist" oder „sind" bildest. Beispiel: *die **bunte** Libelle* → *Die Libelle ist bunt.*
Du erkennst die Adjektive daran, dass du sie mit der Frage „Wie ist etwas?" erfragen kannst. Beispiel: Wie **ist** die Libelle (**beschaffen**)? → **bunt**

Nachfolgend findest du die fünf Adjektiv-Gruppen, die Tom verwendet hat. Neben der einfachen Form wie *groß* findest du auch vier abgeleitete Adjektiv-Formen.

35. Schreibe nun die Grundform für alle Adjektive in Toms Beschreibung auf. Ordne diese dann gleich in die richtige Adjektiv-Gruppe ein.

groß:

feinädrig: Adjektiv mit der Endsilbe **-ig** (Grundwort: die Ader)

winter**lich**: Adjektiv mit der Endsilbe **-lich** (Grundwort: der Winter)

paradies**isch**: Adjektiv mit der Endsilbe **-isch** (Grundwort: das Paradies)

ohrenbetäuben**d**: Partizip (Mittelwort), das durch Anhängen der Endung **-d** an den Infinitiv gebildet wird: (Grundwort: betäuben)

Sicher sind dir bei der letzten Aufgabe die Adjektive (am) **liebsten** und **wunderschönsten** aufgefallen. Wenn wir Eigenschaftswörter verwenden, können wir wie Tom die Dinge und Lebewesen viel genauer „bezeichnen"; wir können aber auch **Vergleiche** ziehen, z. B. *Ich mag das **gern**.*
*Jenes dort mag ich aber noch **lieber**.*
*Und dieses hier **am liebsten**.*
Wir unterscheiden also <u>drei Vergleichsstufen der Adjektive</u>, was wir auch die **Komparation** nennen:

Positiv	Komparativ	Superlativ
= Grundstufe	= Steigerung	= Höchststufe
lieb	lieber	am liebsten

36. Suche nun alle Adjektive, die im obigen Text vorkommen, heraus und schreibe sowohl den Positiv als auch die zwei Steigerungsformen dahinter.

Adverbien

Hallo Klaus,

freust du dich auch schon auf die Ferien? **Endlich** ist es soweit. Bei uns beginnen die Osterferien **übermorgen**. Dieses Jahr verbringen wir Weihnachten in den Allgäuer Alpen. Und ihr? Toller Pulverschnee erwartet uns **überall**. Hui, dann geht's die Pisten **hinunter**! Darauf freue ich mich **besonders**; ich möchte **nämlich unbedingt** mein Snowboard ausprobieren, das ich zu Ostern bekomme. Leider muss ich damit noch ein paar Tage warten. Aber dass ich eins bekomme, ist **ziemlich** sicher. – O Gott! Was aber, wenn doch nicht? Wenn ich mich **umsonst** gefreut hätte! Wenn ich **dort** ohne mein Board im Schnee säße! **Vielleicht** haben Mutti und Vati meine Andeutungen nicht **ganz** genau verstanden! Ich muss **sofort** noch einmal mit ihnen reden. Du verstehst, dass ich **deshalb** an dieser Stelle den Brief beenden muss.

Frohe Weihnachten!

Theo

Die fett gedruckten Wörter bezeichnet man als **Adverbien** (Umstandswörter). Mit Adverbien werden Angaben über den **Ort**, die **Zeit**, die **Art und Weise** und den **Grund** gemacht.

Beispiele:
- Adverb des Ortes: überall
- Adverb der Zeit: endlich
- Adverb der Art und Weise: besonders
- Adverb des Grundes: nämlich

---

37. Ordne die Adverbien aus Theos Brief in folgende Tabelle ein:

Ort	Zeit	Art und Weise	Grund

Adverb oder Adjektiv?

In dem Abschnitt über Adjektive hast du gesehen, dass man Adjektive steigern kann, z. B. *schön, schöner, am schönsten*. Bei Adverbien ist dagegen **keine Komparation** möglich.
Adverbien können auch **nicht gebeugt** (dekliniert) werden wie Adjektive, z. B. *ein schönes Buch*.

Adverb oder Präposition?
Wie lassen sich die Adverbien des Ortes **links, rechts, dort, hier, hinüber** von Präpositionen des Ortes **auf, in, bis, an, gegenüber, nach, durch** unterscheiden?

links, rechts, dort, hier sind **Adverbien des Ortes** (Frage: *Wo?*)
hinüber ist ein **Adverb der Richtung** (Frage: *Wohin?*)
auf, in, bis, an, gegenüber, nach, durch sind **Präpositionen**

1. Weil im Alphabet A vor P kommt, stehen **A**dverbien (fast) immer vor **P**räpositionen, wenn sie aufeinander treffen, z. B. *dort, auf dem Tisch*.
2. Nur Adverbien können sinnvoll alleine stehen, Präpositionen dagegen nicht! Beispiel: *Wo steht die Vase? Dort!* (**Ort**sangabe) Die Präposition *auf* gibt zwar auch den Ort an, ergibt jedoch ohne einen Bezug auf etwas keinen Sinn, z. B. *Wo steht die Vase? Auf.* **Dagegen:** *Wo steht die Vase? Auf dem Tisch.*

38. Trenne hier die Adverbien von den Präpositionen!

hinter, da, droben, gegen, aus, zu, davor, unten, drüben, bei, ab, entlang, oben, innen, vor, irgendwo, über

Adverbien: Präpositionen:
_____   _____
_____   _____
_____   _____

Numeralien

Kardinalzahlen, Ordinalzahlen

10	2	3
0	7	8
5	6	4

Das Hexen-Einmaleins

Du musst verstehn!
Aus Eins mach Zehn,
Und Zwei lass gehen,
Und Drei mach gleich,
So bist du reich.
Verlier die Vier!
Aus Fünf und Sechs,
So sagt die Hex'
Mach Sieben und Acht,
So ist's vollbracht:
Und Neun ist Eins,
Und Zehn ist keins.
Das ist das Hexen-Einmaleins.

Schon immer haben die Menschen ähnlich wie unsere Hexe Kiribata mit Zahlen *jongliert* und geheimnisvolle magische Kräfte damit beschwören wollen. Übrigens: Hast du eigentlich das Geheimnis des magischen Quadrats, das Johann Wolfgang von Goethe so treffend in Verse gebracht hat, gelüftet?

Im Text verwendet die Hexe Kiribata die Zahlen 0 bis 10 als Nomen: Sie meint die Zahl **Eins, Zwei, Drei** usw.

Die Kardinalzahlen (Grundzahlen)
Kardinalzahlen (1,2,3, ...) dienen dazu, Mengen zu zählen.

39. Schreibe die Zahlen als **Zahlwort**!

1	_____	Freund
2	_____	Freunde
1	_____	Freundin
2	_____	Freundinnen
18	_____	Katzen
101	_____	Dalmatiner

> **Nur die Zahl 1 wird dekliniert:** *ein Freund; einen Freund; eine Freundin* (Erinnerst du dich dabei an den unbestimmten Artikel?) Alle anderen Kardinalzahlen bleiben immer unverändert.
> Zwei Ausnahmen gibt es dennoch: Die Zahlen 2 und 3 kennen auch den Genitiv.
> Beispiel: *Ich erinnere mich zwei**er** / drei**er** Abende.*

> *Ich bin am 23. Mai geboren und bin das 2. Kind meiner Eltern. Morgen feiere ich meinen 13. Geburtstag.*

40. Schreibe die Zahlen, die Lisa erwähnt, als Zahlwörter. Welcher Unterschied ergibt sich zu den Kardinalzahlen?

am _____ Mai
das _____ Kind
meinen _____ Geburtstag

> **Ordinalzahlen** greifen aus einer bestimmten Reihe eine Zahl heraus. Zum Beispiel den dreiundzwanzigsten (23.) Tag des Monats Mai. Der Unterschied zu den Kardinalzahlen besteht darin, dass hinter der Zahl ein **Punkt** gesetzt wird (2. Kind) und dass Ordinalzahlen **dekliniert** werden wie Adjektive, z. B.: meinen dreizehnten Geburtstag = Akkusativ Singular Maskulin.

Numeralien

Zahladverbien

Hast du deinen Koffer schon gepackt?

Erstens meinen Personalausweis, zweitens Kleidung für warmes Wetter ...

Na, lieber doppelt und dreifach überlegt, als hinterher was vergessen!

Ich hab's dir schon fünfmal gesagt: Nein! Was nimmst du denn mit?

... drittens Kleidung für schlechtes Wetter. Soweit war ich auch schon.

> **Tipp:** Tom und Lisa verwenden in ihrem Gespräch **Zahladverbien**. Diese sind völlig unveränderlich (Adverbien!).

Dir sind sicher drei verschiedene Typen von Zahladverbien aufgefallen.

1. **Aufzählungen**:

als Ziffern	in Worten
1., 2., 3., … oder	erstens, zweitens, drittens
1.), 2.), 3.),…	

2. **Ausdrücke**, die auf die **Fragen antworten**: *Wie oft?, Wie häufig?*

als Ziffern	in Worten
1-mal	einmal
2-mal	zweimal
3-mal	dreimal

Die Endung **–mal** wird häufig auch **als Substantiv** gebraucht, z. B.: Beim dritten Mal hat's endlich geklappt!

3. **Ausdrücke**, die **verfielfacht** werden, z. B.: zweifach, doppelt, dreifach. Zahladverbien können auch **als Adjektive**, z. B.: ein dreifaches Hipphipphurra, oder als **Substantiv** verwendet werden, z. B.: Es ist das Dreifache.

41. Tom und Lisa fahren für ein paar Tage in die Berge zum Wandern. Lisa hat aber nicht so große Lust wie Tom. Deshalb streiten sie sich auch beim Kofferpacken und verwenden dabei einige Zahladverbien. Finde nun aus dem Dialog der beiden selber heraus, welche Zahladverbien es gibt, und ordne sie in die entsprechenden Koffer ein!

„Mensch, Tom, jetzt fahren wir schon zweimal hintereinander in die Berge. Findest du das nicht langsam langweilig?" – „Nö, erstens mag ich die Berge sehr gerne, zweitens kann ich endlich meine neuen Wanderschuhe ausprobieren und drittens freue ich mich darauf, mal wieder im Schlafsack unter freiem Himmel zu schlafen, du nicht?" – „Ich hab's dir bestimmt schon fünfmal gesagt: Ich mag die See viel lieber. Da kann ich wenigstens Schwimmen gehen, mich faul in der Sonne rekeln und mindestens viermal so braun werden wie in den Bergen!"

„Quatsch, Lisa, das stimmt doch gar nicht! In den Bergen kann man bestimmt das Sechsfache an Bräune erreichen. Aber falls es dich beruhigt, können wir beim dritten Mal ans Meer fahren." – „Ok, Tom, das ist abgemacht. Trägst du mir jetzt meinen Koffer hinunter?" – „Na hör mal, du hast doppelt so viele Klamotten drin wie ich. Der wiegt ja das Vierfache von meinem. Den musst du schon selber tragen!"

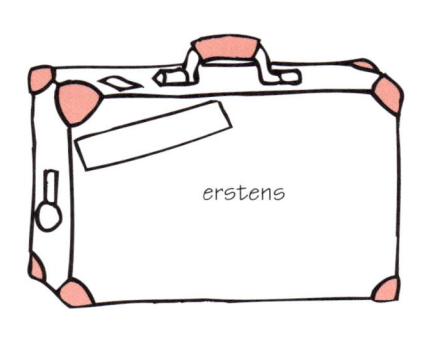

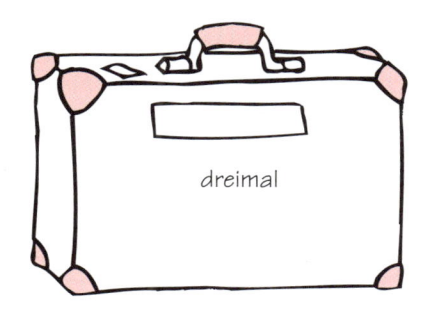

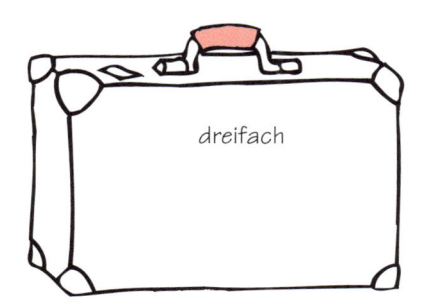

Numeralien

erstens

dreimal

dreifach

Konjunktionen

Schimpansen gehören zur Gattung der Menschenaffen _____ leben in Zentralafrika. Sie werden als die nächsten „Verwandten" des Menschen im Tierreich bezeichnet, _____ sie sind dem Menschen nach Aussehen _____ Intelligenz am ähnlichsten. Schimpansen verwundern immer wieder jeden Zoobesucher, _____ sie beispielsweise im Spiel geschickt mit Gegenständen umgehen. Diese Affen können zwar kein Feuer machen _____ Hütten bauen, _____ sie benutzen Hilfsmittel aller Art bei der Nahrungssuche. So hat man bei Tieren in Gefangenschaft beobachtet, _____ sie hochhängende Bananen durch das Aufeinandertürmen von Holzkisten erbeuteten. Schimpansen verständigen sich untereinander durch Zurufe _____ eine sehr deutliche Gesichtsmimik.

(nach Großes Farbiges Kinderlexikon, Compact Verlag München)

42. In diesem Text über Schimpansen fehlen Wörter, die du in der Grundschule als **Bindewörter** kennen gelernt hast. Wähle aus der Banane die richtigen Wörter aus und setze sie in die Lücken! Aber pass auf: Manche Wörter darfst du auch öfter verwenden!

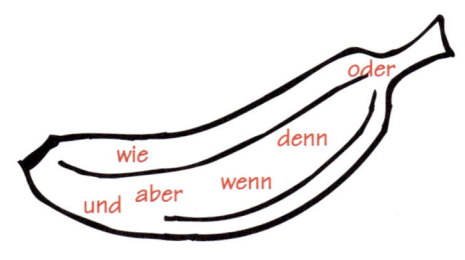

(In der Banane: oder, wie, denn, und, aber, wenn)

Bindewörter, wir nennen sie künftig **Konjunktionen**, verbinden (1) einzelne Wörter, (2) Satzteile und (3) ganze Sätze.
Wenn ein Bindewort ganze Sätze verbindet, lassen sich Konjunktionen in zwei Gruppen trennen.

1. Es gibt Konjunktionen, die zwei Hauptsätze verbinden. Man könnte statt dessen auch einen Punkt setzen:
   *Charlie baumelt in luftiger Höhe **und** er schält dabei eine Banane.*
   Hauptsätze erkennt man daran, dass das Verb an zweiter Stelle nach den Personalpronomen oder (wenn die erste Stelle frei bleibt) an erster Stelle steht.
   Beispiel: ... **(er) schält** eine Banane.
           1.   **2.**

2. Die anderen Konjunktionen können nur einen Nebensatz mit einen Hauptsatz verbinden.
   *Charlie baumelt in luftiger Höhe, **während** er eine Banane schält.*
   Nebensätze erkennst du daran, dass das Verb an der letzten Stelle steht.

43. Ordne jetzt die Konjunktionen, die du in den obigen Text eingesetzt hast, je nachdem, ob sie einen Hauptsatz oder einen Nebensatz einleiten:

*und*_____   *weil*_____

Konjunktionen haben immer eine Bedeutung; dies ist dir sicher bei der Lückentext-Aufgabe aufgefallen. Je nachdem welche Konjunktion du einsetzt, ergibt der Satz einen anderen oder gar keinen Sinn.

44. Setze für die folgenden Beispielsätze die richtigen Konjunktionen ein und überlege dir, wie man deren Bedeutung umschreiben kann. Verwende dafür folgende Bedeutungen: Begründung, Zeitgleichheit, Gegensatz, Addition, Einschränkung, Bedingung, Folge und Alternative.

	Konjunktion		**Bedeutung**
Tante Fiona hat fünf Katzen,	denn	sie ist sehr tierlieb.	Begründung
Ich spiele Tennis		ich schwimme gern.	
Der Sturm war so stark,		wir kaum vorwärts kamen.	
Tim kommt heute nicht,		er krank ist.	
Wir gehen entweder in die Disko		zum Rollerblaten.	
Sie telefoniert stundenlang,		sie ein Vollbad nimmt.	
Mascha hat eine Fünf in Mathe,		sie sonst nur Einsen hat.	
Heute war ich nicht in Form,		morgen zeige ich, was ich kann.	
Ich würde dir gern die Lösung sagen,		ich sie wüsste.	

Der Satz
Die Satzglieder

Ein Wort, mehrere Wörter oder ein ganzer Satz?

- Hallo!
- Grüß dich!
- Du bist spät dran.
- Weiß schon. Diese verflixte Englischarbeit.
- Stimmt! Du musst die Nachholschulaufgabe schreiben. Wann?
- Morgen.
- Dann solltest du besser lernen.
- Keine Lust mehr.
- Na hör' mal. Englisch ist doch echt super und ganz leicht.
- Wirklich? Ist mir neu.
- Komm! Wir lernen heute zusammen Englisch. Kann mir nämlich auch nicht schaden.
- Na gut. Vielleicht hast du Recht.

Häufig ist es nicht notwendig, dass wir uns in vollständigen Sätzen mitteilen. Ein Wort oder ein paar Wörter können klar ausdrücken, was gemeint ist. Betrachte einmal den Dialog zwischen Lisa und Tom! Sie verwenden

ein Wort: *Hallo!* (Gruß) *Wirklich?* (als ungläubige Rückfrage)
Manche Beispiele sind **Einwortsätze** und können zu einem ganzen Satz ausgebaut werden. So lässt sich die Rückfrage *Wirklich?* zu dem Fragesatz *Stimmt das wirklich?* erweitern.

mehrere Wörter: *Keine Lust mehr.* (Zum vollständigen Satz müsste noch ergänzt werden: *Ich habe ...* oder auch *Für heute habe ich ...*)

vollständige Sätze: *Vielleicht hast du Recht.*

45. Ordne nun in deinem Heft die Aussagen von Tom und Lisa danach, ob es **1. ein Wort, 2. mehrere Wörter** bzw. **unvollständige Sätze** oder **3. vollständige Sätze** sind.

Wie stelle ich fest, aus welchen selbstständigen Teilen ein vollständiger Satz aufgebaut ist?

Übrigens nennen wir diese selbständigen Satzteile in Zukunft **Satzglieder**.

Der Satz

Der Satz

Alles dreht sich um das Verb.

Es gibt zwei Methoden, die Satzglieder eines Satzes zu bestimmen:

1. Die Umstell- oder Verschiebeprobe

Ich	**schreibe**	morgen	die Nachhol-schulaufgabe	bei Frau Quinn.
Morgen	**schreibe**	ich	die Nachhol-schulaufgabe	bei Frau Quinn.
Die Nachhol-schulaufgabe	**schreibe**	ich	morgen	bei Frau Quinn.
Bei Frau Quinn	**schreibe**	ich	morgen	die Nachhol-schulaufgabe.

> Ein Wort oder eine Wortgruppe, die du im Satz umstellen kannst, nennt man Satzglied!

Unser Beispielsatz hat also 4 bewegliche Satzglieder. Das 5. Satzglied, das Verb *schreibe* bleibt als die „Drehachse" des Satzes an der 2. Stelle stehen.

2. Die Ersatzprobe

Ich	schreibe	morgen	die Nachhol-schulaufgabe	bei Frau Quinn.
Wir	schreiben	morgen	die Nachhol-schulaufgabe	bei Frau Quinn.
Moritz	schreibt	morgen	die Nachhol-schulaufgabe	bei Frau Quinn.
Meine Freundin	schreibt	morgen	die Nachhol-schulaufgabe	bei Frau Quinn.

Bei der **Ersatzprobe** bleibt der **Satzbau unverändert**. Du **ersetzt ein Satzglied durch Satzglieder**, die dieselbe oder eine ähnliche Bedeutung haben. Auf diese Weise findest du heraus, **welche Rolle dieses Satzglied im Satz spielt**.

46. Welche Rolle spielt das Satzglied **Ich (Wir, Moritz, Meine Freundin)** im Satz?

Schau' mal Lisa, ich habe schon die Umstellprobe gemacht und du?

Klar! Ich bin auch schon mit der Ersatzprobe fertig. Hast du die auch schon gemacht?

Hm, nöööö – soweit bin ich leider noch nicht gekommen.

47. Mache die **Umstellprobe** der beiden folgenden Sätze und versuche anschließend die jeweiligen Satzglieder zu bestimmen.

1. Vielleicht hast du Recht.
2. Wir gehen heute skaten.

Mache danach die **Ersatzprobe** im 2. Satz, um herauszufinden, welche Angaben die Satzglieder im Satz machen.

Das Prädikat

Das hast du über die Satzglieder mit Hilfe der **Umstellprobe** im vorigen Abschnitt gelernt:

Alles dreht sich um das Verb!

Beispiel:

	2.		
Lisa	**lernt**	mit Tom	Englisch.
Mit Tom	**lernt**	Lisa	Englisch.
Englisch	**lernt**	Lisa	mit Tom.

> Während die Satzglieder normalerweise an jeder Stelle im Satz stehen können, bleibt das Verb wie eine „Achse" fest verankert!
> 1. Das **konjugierte Verb** (z. B. *lernt*) steht **im Aussagesatz** immer an der **2. Position**.
> 2. Gleichzeitig liefert das konjugierte Verb (übrigens auch: Personalform des Verbs) die wichtigste Information darüber, **was geschieht** oder **wer etwas macht**. Dieses konjugierte Verb nennt man **Prädikat**.

Tipp: Im Kapitel **Satzarten** wirst du noch sehen, dass es nicht nur Aussagesätze gibt, sondern auch Wunschsätze, Fragesätze und Nebensätze.

Sicher erinnerst du dich daran, dass ein Prädikat nicht immer nur aus einem konjugierten Verb alleine steht.

Das Prädikat

←Prädikatsklammer→

Lisa	**hat**	mit Tom	Englisch.	**gelernt.**
Mit Tom	**hatte**	Lisa	Englisch	**gelernt.**
Englisch	**wird**	Lisa	mit Tom	**lernen.**

Prädikatsklammer heißt: Das Prädikat steht an der zweiten Stelle **und** am Ende des Satzes! Es **klammert** also die anderen Wörter eines Satzes **ein**.

Andere Beispiele für die Prädikatsklammer:

| Er | **möchte** | ihr | einen Brief | **schreiben**. |
| Klara | **möchte** | Lisa | die Kaninchen | **schenken**. |

48. Unterstreiche die Prädikate in den folgenden Sätzen.
Achtung: In einigen Sätzen ist die Prädikatsklammer versteckt!

Für viele Kinder sind die Ferien zu kurz.
Ohne Grund hat Frau Köddel Waldemar eine Extraarbeit gegeben.
In zwei Wochen trifft Jim aus New York ein.
Julia kann heute erst später kommen.
Verzweifelt suchte Heiko seinen Motorradhelm.
Es wird bestimmt regnen.
Sorgfältig wollte Werner heute seinem Dackel die Haare schneiden.
Vor diesem Fehler hatte ich ihn früher schon immer gewarnt.
Liane kaufte heute für ihre Oma ein.
Leon ist immer ein fürchterlicher Aufschneider gewesen.

Das Subjekt

Wer oder was ...

Meine Freundin liest gerade ein interessantes Buch.
Wir freuen uns alle auf Onkel Harry aus Amerika.
Das Giraffenkind ist soeben auf die Welt gekommen.
Knut will immer am Fenster sitzen.
Ordnung hat noch niemand geschadet.

... liest, ... freut sich, ... ist, ... will, ...hat...?

Das Subjekt im Satz ist dir eigentlich schon bekannt!

1. Das Subjekt ist das **Satzglied**, das handelt oder über das etwas ausgesagt wird. Es heißt deshalb auch **Satzgegenstand**.
2. Das Subjekt steht immer im **Nominativ**. Du fragst nach dem Subjekt immer mit **Wer** oder **was** macht / passiert / ist ...?
3. **Subjekt** („Hauptrolle") **und Prädikat** müssen mindestens **in jedem vollständigen Satz** vorhanden sein.
4. Das Subjekt und das Prädikat bilden eine feste Einheit, d. h. **Subjekt** und **konjungiertes Verb** müssen in **Person und Numerus übereinstimmen**.

Beispiel: Das Kind (= 3. Person Sing.) läuft (= 3. Person Sing.).
Wir (1. Person Plural) laufen (=1. Person Plural).

49. Schreibe jetzt die Beispielsätze von oben ab und versuche herauszufinden, welche Wortarten bzw. Wortgruppen das Subjekt jeweils im Satz bilden könnte und unterstreiche diese.

Meine Freundin (= Possessivpronomen + Nomen); _____

_____

_____

Das Prädikat steht an der zweiten Stelle zwischen dem Subjekt und allen anderen Satzgliedern.

Du weißt, dass das Prädikat immer dieselbe Satzposition einnimmt, nämlich die zweite. Alle anderen Satzglieder können durch die Umstellprobe ihre Satzposition wechseln.

50. Welche Position nimmt das Subjekt <u>am liebsten</u> in einem Satz ein? Schreibe deine Antwort in den nachfolgenden Kasten!

Das Subjekt steht in der Regel an _____ im Aussagesatz.

51. Führe an unseren Beispielsätzen die Umstellprobe durch und beschreibe die Wirkung des Satzes auf dich, wenn ein anderes Satzglied an der Subjekt-Position steht!

a)   **Meine Freundin** liest gerade ein interessantes Buch.
1. Umstellprobe: *Gerade liest meine Freundin ein interessantes Buch.*
Wirkung: Das Zeit-Adverb *gerade* erhält besonderes Gewicht, weil es jetzt an der ersten Position im Satz steht.

2. Umstellprobe: _____
Wirkung: _____

b)   **Wir** freuen uns alle auf Onkel Harry aus Amerika.
1. Umstellprobe: _____
Wirkung: _____

2. Umstellprobe: _____
Wirkung: _____

Das Objekt

Hier fehlt aber was!

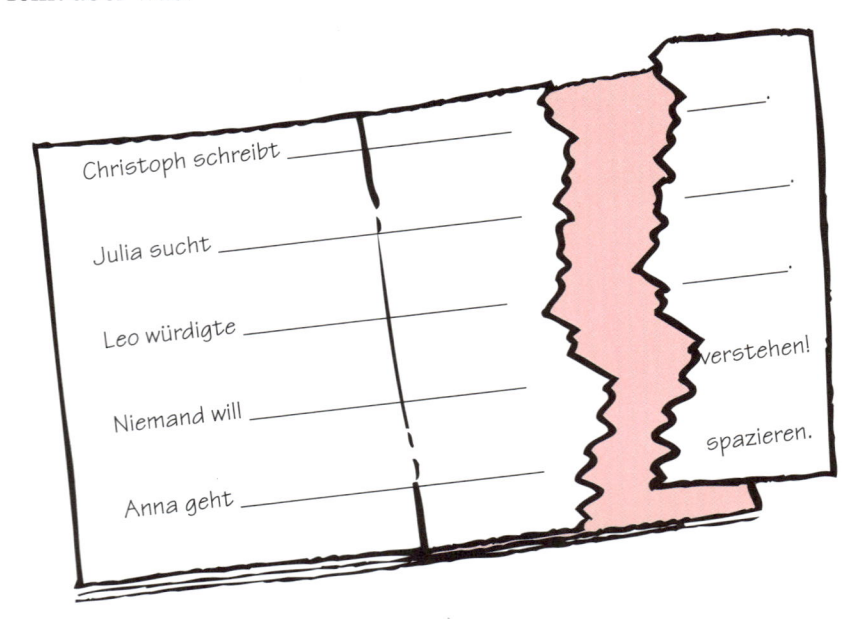

Christoph schreibt _____ .

Julia sucht _____ .

Leo würdigte _____ .

Niemand will _____ verstehen!

Anna geht _____ spazieren.

Diese Sätze bestehen zwar aus einem Prädikat (z. B. schreibt) und einem Subjekt (z. B. Christoph), aber in dieser „Rohform" sagen uns diese Sätze noch recht wenig.

52. Lisas Hund hat ihr Schulaufgabenheft zerrissen. Jetzt weiß sie nicht mehr, welches Wort zu welchem Satz gehört. Hilf ihr, indem du die einzelnen Wörter auf den Zettelfetzen den Sätzen oben zuordnest.

uns

mich

mit ihrem Dackel

ihren Füller

seiner Freundin

eine Ansichtskarte

keines Blickes

Das Objekt

Wen oder Was?
Wem?
Wessen?

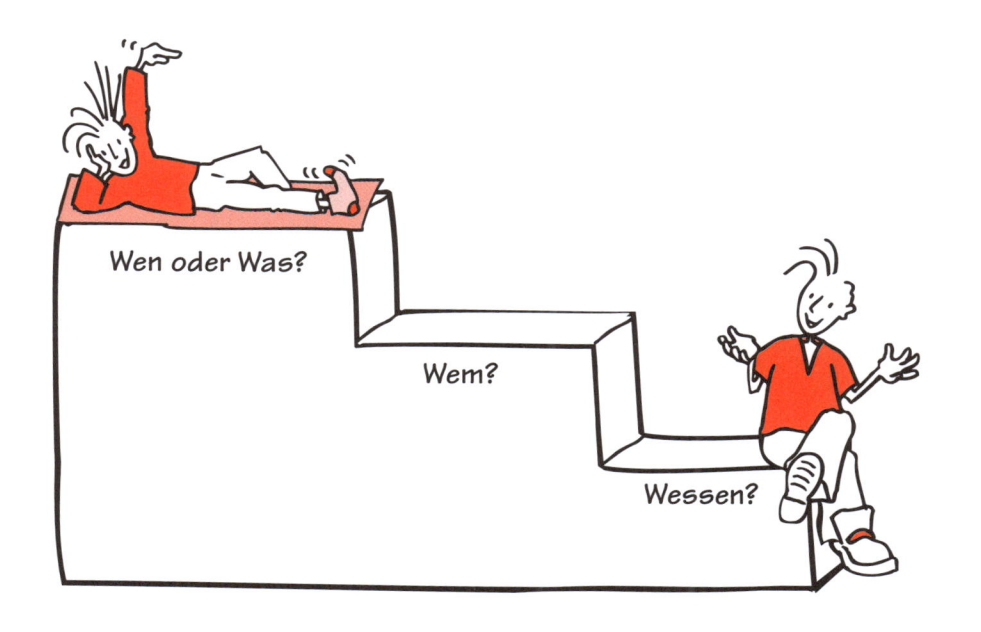

Gewöhnlich bestehen Sätze nicht allein aus Subjekt und Prädikat. Sie verlangen häufig **Ergänzungen**, sogenannte **Objekte**. Wir kennen drei Objekte: Das **Akkusativ-Objekt**, nach dem du mit **Wen oder was?** fragst. **Wem?** fragt nach dem **Dativ-Objekt** und **Wessen?** nach dem **Genitiv-Objekt**.

Die Kasus-Formen Akkusativ, Dativ und Genitiv kennst du ja schon aus dem Abschnitt „Wortarten"!

Das Objekt

53. Ermittle die Satzglieder einschließlich Prädikat durch die Umstellprobe und bestimme durch Erfragen, ob es sich um Subjekt, Akkusativ-Objekt, Dativ-Objekt oder Genitiv-Objekt handelt.

Beispiel: *Ich verlasse mich auf dein Versprechen.*
Umstellprobe: *Auf dein Versprechen verlasse ich mich.*
Satzglieder:

Ich	**Subjekt:**	Wer oder was?
verlasse mich	**Prädikat:**	Feste Satzposition
auf dein Versprechen.	**Akkusativ-Objekt:**	Auf wen oder was?

1. Günter ist mit Ursula verabredet.

2. Ich denke an dich.

3. Wir gratulieren euch.

4. Den Brief bringt Ihnen mein Bruder.

5. Den Radfahrer holen wir ein.

6. Für seine Mathe-Hausaufgabe bedient sich Oskar des Computers.

Das Objekt

54. Wähle zu den konjugierten Verben in den Lokomotiven die geeigneten Subjekt- und Objekt-Ergänzungen in den Waggons aus, und zwar alle, die möglich sind! Bilde dann Sätze und schreibe sie auf die untenstehenden Linien.

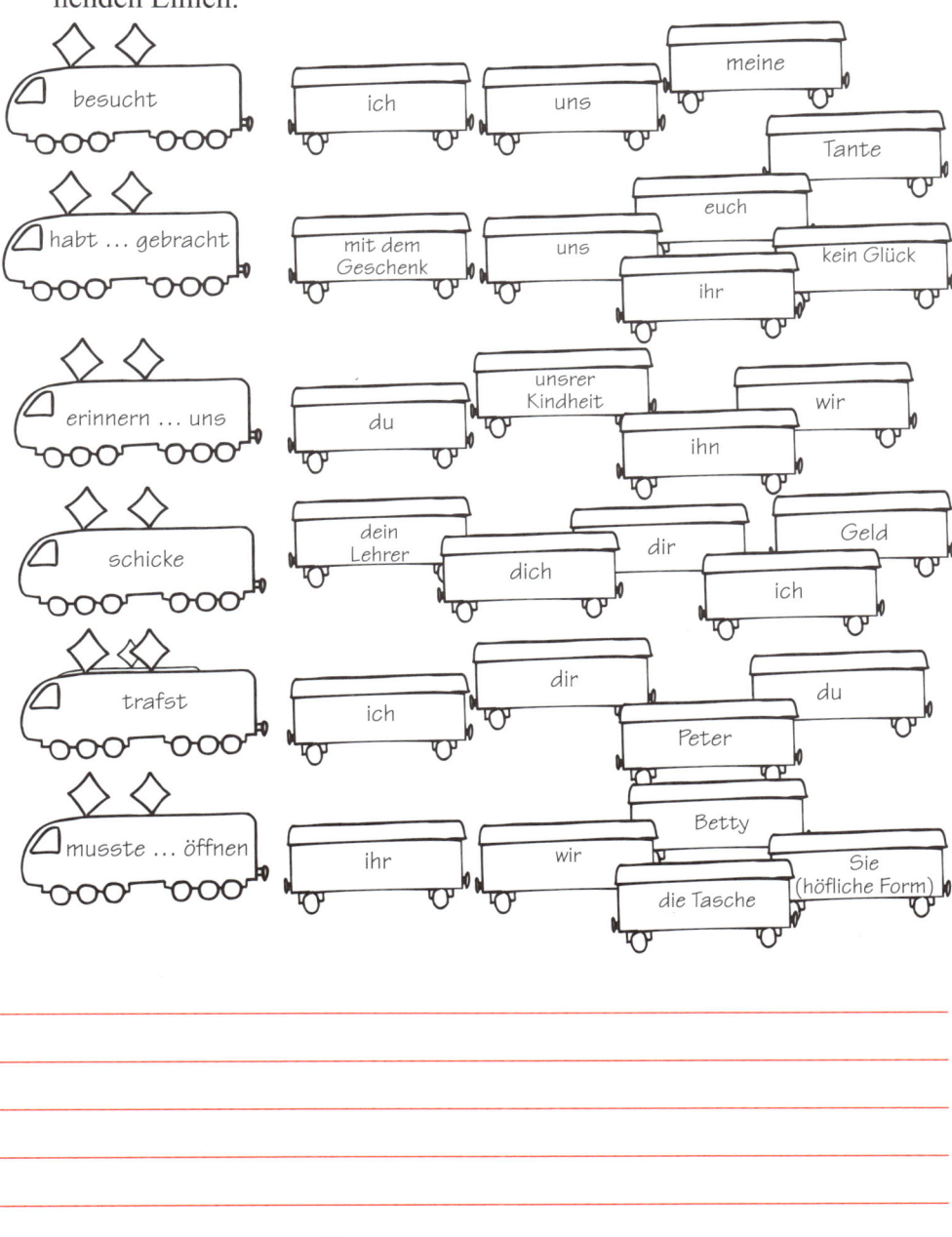

besucht — ich | uns | meine Tante

habt ... gebracht — mit dem Geschenk | uns | euch | ihr | kein Glück

erinnern ... uns — du | unsrer Kindheit | ihn | wir

schicke — dein Lehrer | dich | dir | Geld | ich

trafst — ich | dir | Peter | du

musste ... öffnen — ihr | wir | Betty | die Tasche | Sie (höfliche Form)

Adverbialien

Das Adverbiale der Zeit

Die Adverbien der Zeit kennst du ja schon.

(1) damals, früher, gestern, vorhin
(2) bisher, immer, lange, nie, seitdem
(3) manchmal, oft, meistens, immer wieder

Die Adverbien von (1), (2) und (3) unterscheiden sich dadurch, dass die Gruppe (1) einen Zeitpunkt angibt, die Gruppe (2) eine Zeitdauer und die dritte (3) eine Wiederholung ist.

55. Ordne nun diese Begriffe zu, indem du richtig ankreuzt!

1. damals, vorhin, gerade, heute, gleich, nachher   ☐ Zeitpunkt ☐ Zeitdauer ☐ Wiederholung

2. bisher, immer, lange, nie   ☐ Zeitpunkt ☐ Zeitdauer ☐ Wiederholung

3. manchmal, oft, meistens   ☐ Zeitpunkt ☐ Zeitdauer ☐ Wiederholung

> Das **Adverb** ist eine **Wortart**. Ein Adverb, das gleichzeitig ein Satzglied ist (Umstellprobe!), nennen wir **ein Adverbiale** (Plural: **die Adverbialien**).

Beispiel: Mit Sonja treffe ich mich **heute**.

Umstellprobe: **Heute** treffe ich mich mit Sonja.
　　　　　　Ich treffe mich **heute** mit Sonja.

Adverbialien müssen keine Adverbien sein, sondern es können auch **Wortgruppen mit Präpositionen** sein:
um vier Uhr – nach langer Zeit – in zwei Stunden – vor der Pause

Die Adverbialien der Zeit geben genauere **Umstandsbestimmungen** an.
Frage: **Wann** war (ist) etwas?

56. Untersuche jeden Satz im anschließenden Text nach Adverbialien der Zeit, indem du danach fragst!

Beispiel: Zwischen den Mahlzeiten isst er nie etwas.
Frage: Wann isst er nie etwas?
<u>Zwischen den Mahlzeiten.</u>

Jetzt ist es endlich raus! Im Januar fahren wir alle nach Südtirol zum Skifahren. Das haben wir am Sonntag beschlossen. Nach einer kleinen Diskussion wurden wir uns schließlich einig. Vati hat aber heute früh gesagt, dass er nur bei schönem Wetter mit dem Auto fahren will, weil eine Fahrt über die Alpen im Winter kein Vergnügen ist. Wegen schlechten Wetters fällt dann vielleicht in den Weihnachtsferien das Skifahren aus! Das darf doch nicht wahr sein!

57. Welche Adverbialien der Zeit passen jeweils am besten? Kreuze an!

Philipp hat schon **?** seine Hausaufgaben vergessen.
  ☐ meistens ☐ am Sonntag ☐ oft

? hat sich Vera über mich beschwert.
  ☐ seitdem ☐ künftig ☐ beim Essen

Auf der Skihütte haben wir uns **?** wohlgefühlt.
  ☐ oft ☐ später ☐ in den Ferien

Adverbialien

Das Adverbiale des Ortes

Adverbien des Ortes, die du schon kennst:

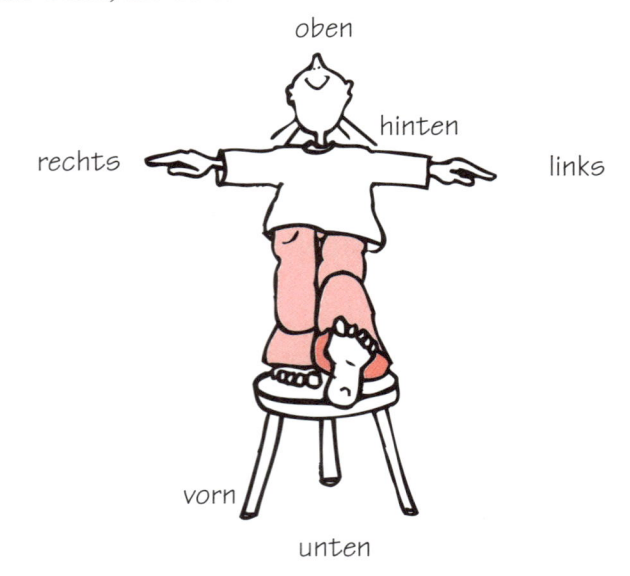

oben
hinten
rechts
links
vorn
unten

58. Auch das sind Orts-Adverbien, aber es fehlt der Gegensatz! Finde ihn!

Frage: **Wo** ist/war etwas?

hier	⇔	dort
außen	⇔	_____
drüben	⇔	_____
irgendwo	⇔	_____
überall	⇔	_____

Frage: **Woher** kommt / **wohin** geht jemand / etwas?

abwärts	⇔	aufwärts
daher	⇔	_____
irgendwoher	⇔	_____
rückwärts	⇔	_____

Adverbien des Ortes geben entweder einen **Ort** (Frage: **Wo?**) oder eine **Richtung** (Frage: **Woher? Wohin?**) an. Ein Adverb des Ortes kann ebenso ein verschiebbares **Satzglied** sein. In dieser Rolle bezeichnen wir es als **Adverbiale des Ortes**. Achtung! Auch hier gilt wie bei den Adverbialien der Zeit: Nicht nur das Adverb, sondern auch die **Wortgruppe mit Präposition** kann Adverbiale sein, z. B.: *auf dem Bolzplatz, im Schwimmbad.*

59. Schreibe die Adverbialien des Ortes heraus und frage nach ihnen! Es genügt die Angabe des Fragepronomens.

    Beispiele: <u>In der Schule</u> habe ich meine Mütze verloren.
              Frage: <u>Wo</u> (habe ich meine Mütze verloren)?

              Im Sommer fahren wir <u>in den Bayerischen Wald</u>.
              Frage: <u>Wohin</u> (fahren wir im Sommer)?

1. Ich habe überall nach meinen Inline-Skates gesucht. 2. Die Skater liegen auf der Treppe. 3. Diesen Sommer fahren wir irgendwohin, wo es bestimmt nicht regnet. 4. Ihren Schulranzen hat sie einfach in die Ecke geworfen. 5. Er wartete am Spielfeld auf mich. 6. Peter war nirgends zu sehen. 7. Du hast eine Postkarte aus Jans Ferienlager erhalten.

60. Schreibe die Adverbialien des Ortes und die Adverbialien der Zeit heraus! Im Zweifelsfall führe die Ersatzprobe durch.

1. Ich muss mir das zu einem späteren Zeitpunkt nochmal überlegen. 2. Wir besuchen auf jeden Fall zu Ostern Onkel Willi. 3. Daran habe ich Anfang des Jahres noch nicht gedacht. 4. Wir waren in den großen Ferien auf der Insel Korfu. 5. Vor der Schule ist unser Treffpunkt. 6. Wir gingen lange in die falsche Richtung. 7. Auf die Schule freue ich mich jeden Tag. 8. Auf der Straße sollte niemand spielen. 9. Du musst in deinem Zimmer wieder aufräumen. 10. Wir feiern am Neujahrstag Omas Geburtstag. 11. Den Marienplatz haben wir vormittags besucht.

Adverbialien des Ortes: _____

Adverbialien der Zeit: _____

Das Adverbiale der Art und Weise

glücklicherweise
ganz, genug
gern, lieber
sehr, ziemlich
irgendwie

besonders
anders
leider, umsonst
kaum
beinahe, fast

Frage: **Wie** ist etwas oder jemand **beschaffen**?

Beispiele:
(1) *Jürgen hat **ziemlich schlampig** gearbeitet.*
Wie hat Jürgen gearbeitet? **Ziemlich schlampig.**
(2) *Heute hätte ich beinahe verschlafen.*
Wie hätte ich heute verschlafen? **Beinahe**.

Adverbien der Art und Weise geben an, wie etwas oder jemand ist. (Frage: **Wie?**) Zeigt sich durch die Umstellprobe, dass ein Adverb der Art und Weise ein verschiebbares **Satzglied** ist, dann heißt dieses Satzglied **Adverbiale der Art und Weise**. Achtung! Auch hier gilt wie bei den Adverbialien der Zeit und des Ortes: Nicht nur das Adverb, sondern auch eine **Wortgruppe** kann Adverbiale sein, z. B.: *mit viel Fleiß, ohne Vorwarnung, wie eine Eins*. Auch **Adjektive** stehen als Adverbialien der Zeit, z. B.: *Er benimmt sich schrecklich / schlecht / anständig / großartig.*

61. Kreuze alle Adverbialien der Art und Weise an, die zu den Sätzen 1. bis 3. passen!

Beispiel: Er glaubt ? noch an den Weihnachtsmann.
Er glaubt immer noch an den Weihnachtsmann.
1. Die Mannschaft ging ? vom Spielfeld.
2. Du sprichst ?.
3. ? erreichte Amundsen den Südpol.

Adverbialen

- ☐ heute
- ☐ beinahe
- ☒ immer
- ☒ im Ernst

1.
- ☐ vergnügt
- ☐ mit hängenden Köpfen
- ☐ wortlos
- ☐ bei strömendem Regen

2.
- ☐ mit Robert
- ☐ seit genau 5 Minuten
- ☐ wie ein Wasserfall.
- ☐ in Rätseln

3.
- ☐ Unter großen Entbehrungen
- ☐ Nach Wochen der Strapazen
- ☐ Geschwächt
- ☐ Als erster

62. Führe mit den gegebenen Adverbien, die Tom auf sein Gespenstergewand aufgemalt hat, die Ersatzprobe an den Adverbialen der Art und Weise durch! Die Aussage soll sich dabei nicht ändern.

Beispiel: ***Zum Glück*** habe ich mich gut vorbereitet.
Glücklicherweise habe ich mich gut vorbereitet.

sehr
ganz   umsonst
kaum
furchtbar

1. Über dein Geschenk habe ich mich **wie verrückt** gefreut.
2. **Wie vor einem Gespenst** ist Lisa vor Tom erschrocken.
3. Lena strengt sich in der Schule **nur wenig** an.
4. Wir haben ihn **ohne Erfolg** um Hilfe gebeten.
5. Das habe ich nicht **völlig** verstanden.

Adverbialien

Notwendige und nicht notwendige Satzglieder

Die Spielregel: Einer gibt ein **Verb im Infinitiv** vor, der andere muss die **entscheidenden Fragen** stellen, um den **Satz grammatisch vollständig** zu machen.

... gehen ...

... blühen ...

... überlegen ...

...schenken...

...Wer? Wohin? oder Wo?

Was?

Wer? Was?

Wer? Was? Wem?

Tom und Lisa wollten bei diesem Spiel herausfinden, welche Satzglieder in einem bestimmten Satz wirklich notwendig sind. Auch hier ist das Verb wieder die *Drehachse* im Satz. Gibst du irgendein Verb vor, dann kannst du sofort erkennen, welche Satzglieder für dieses Verb verwendet werden.

63. Wir bauen dieses Spiel noch aus: Stelle fest, welche Satzglieder unentbehrlich sind! Schreibe aber nur die Fragewörter auf, die unbedingt notwendig sind. Wähle die Signalfarbe Rot!

Beispiel: *schenken*
notwendige Fragen: **Wer? Was? Wem?**
(**Wer** schenkt? **Was** wird geschenkt?
Wem wird etwas geschenkt?)

Verb	Nom	Dat	Akk	Gen	Adv. /Zeit	Adv./Ort Richtung	Adv./Art u. Weise
schenken	Wer	Wem	Was				
verkaufen							
angeklagt werden							
schlafen							

stellen						
vorlesen						
landen						
zuhören						
denken an						

64. Mit dem richtigen Ergebnis aus der letzten Aufgabe kannst du nun **zwei wichtige Fragen der Satzlehre** beantworten:

(a) Welche drei Satzglieder (ohne das Verb) sind die wichtigsten, weil sie immer wieder notwendig verlangt werden?

Notwendige Satzglieder sind: die Objekte im _____
_____ und das _____.

Das **Genitiv-Objekt** wird zwar von manchen Verben ebenso notwendig verlangt, kommt aber nur noch selten vor.

(b) Auf welche Satzglieder kann man meistens verzichten?

Nicht notwendige Satzglieder sind: die _____
_____.

65. Ergänze jetzt diese Sätze mit Adverbialien, so dass die genaueren Umstände (Zeit, Ort, Richtung, Art und Weise) klar werden!
Beispiel: Wir treffen uns.
Wir treffen uns <u>heute um sieben</u> (**Wann?**) <u>bei Frauke</u>(**Wo?**).

Walter trägt der alten Frau die Tasche.
Andrea liest gern ein Buch.
Wir warteten.
Ein Brief hat mich von meiner Brieffreundin erreicht.
Ich habe dich verstanden.
Das Lagerfeuer brennt.
Simon fand eine Geldbörse.
Wir werden unsere neuen Skier ausprobieren.

Satzarten
Der Aussagesatz

Ich war schon mit Rolfi an der frischen Luft.

Geh bitte mit Rolfi einmal raus!

Warst du wirklich mit ihm draußen?

66. Schreibe die Sätze in den Sprechblasen in die passenden Zeilen.

Tom sagt aus: _____
Lisa fordert Tom auf: _____
Lisa fragt Tom: _____

Aussagen – Auffordern – Fragen

Es gibt nur drei Satzarten für Hauptsätze.
1. Der **Aussagesatz**: *Ich war mit Blacky schon an der frischen Luft.* Der Sprecher dieses Satzes stellt etwas als gegeben hin, er behauptet etwas.
2. Der **Aufforderungssatz**: *Geh (bitte) mit Blacky einmal raus!* Die Sprecherin äußert einen Wunsch oder einen Befehl.
3. Der **Fragesatz**: *Warst du wirklich schon mit ihm draußen?* Die Sprecherin stellt eine Frage oder bezweifelt die Aussage eines anderen.

67. Schau dir die Satzzeichen am Schluss unserer drei Beispielsätze an. Welches Satzzeichen ist typisch für den

Aussagesatz: ☐
Aufforderungssatz: ☐
Fragesatz: ☐

68. Betrachte die Position des Verbs in unseren drei Beispielsätzen. Welche Verbposition ist typisch für den
1. Aussagesatz: _____
2. Aufforderungssatz: _____
3. Fragesatz: _____

> Diese drei Satzarten sind sehr einfach und nach bestimmten Regeln gebaut, wie du gerade gesehen hast. Am häufigsten verwenden wir den **Aussagesatz**. Wenn wir **jemandem etwas erzählen, erklären** oder **unsere Meinung äußern**, dann tun wir das meistens in Aussagesätzen. Der Punkt am Satzende und die Verbposition 2 sind zusammen eindeutige Merkmale.

Verbposition 2 bedeutet: **Das konjugierte Verb steht an der 2. Stelle im Satz.** Du kennst bereits die **Prädikatsklammer**: das konjugierte Verb steht auch hier an der 2. Stelle und eine zu ihm gehörende zweite Verbform steht am Satzende: *Ich **habe** das schon x-mal **gesagt**.*

69. Die folgenden 7 Sätze sind Aussagesätze. Zeige das, indem du das konjugierte Verb unterstreichst. Handelt es sich um eine Prädikatsklammer, dann unterstreiche das Satzende mit. Schreibe schließlich hinter jeden Satz die Tempusform, z. B.: Präsens.
Beispiel: *Tom und Lisa **müssen** noch Schularbeiten **machen**.* (Präsens)

Tom und Lisa machen Schularbeiten.
Sie werden ihre Schularbeiten machen.
Tom und Lisa haben ihre Schularbeiten schon gemacht.
Dann machten Sie ihre Schularbeiten.
Danach hatten Sie ihre Schularbeiten gemacht.
Blacky will unbedingt mit Tom und Lisa spielen.
Endlich steht Tom auf.
Der Hund wartete vor der Tür.

Der Aufforderungssatz

Beeil dich!

Warte!

Komm sofort her!

Halte mal, bitte!

Geh mit dem Hund raus!

Räum bitte noch den Tisch ab!

Mach dich lieber gleich an die Schularbeiten!

> Eine Aufforderung muss kein **Befehl** sein; man kann auch einen **Wunsch** mit Entschlossenheit äußern, aber dennoch freundlich bleiben. Schließlich ist auch noch die bloße **Empfehlung** möglich, mit der man jemandem etwas ans Herz legen möchte.

70. Ordne die obigen Beispiele für Aufforderungssätze danach, ob sie einen Befehl, einen dringenden Wunsch oder eine Empfehlung ausdrücken!

Befehl	dringender Wunsch	Empfehlung

> Mach mal!, Bitte, bitte!, Lauf lieber etwas schneller!, Tja, eigentlich ganz einfach, das mit dem Aufforderungssatz, oder?

Der Aufforderungssatz

Der Aufforderungssatz

71. Welche Befehlssätze könnten sich hinter diesen Schildern verbergen? Schreibe sie auf!

Beispiel:
Betreten der Baustelle verboten! Betreten Sie die Baustelle nicht!

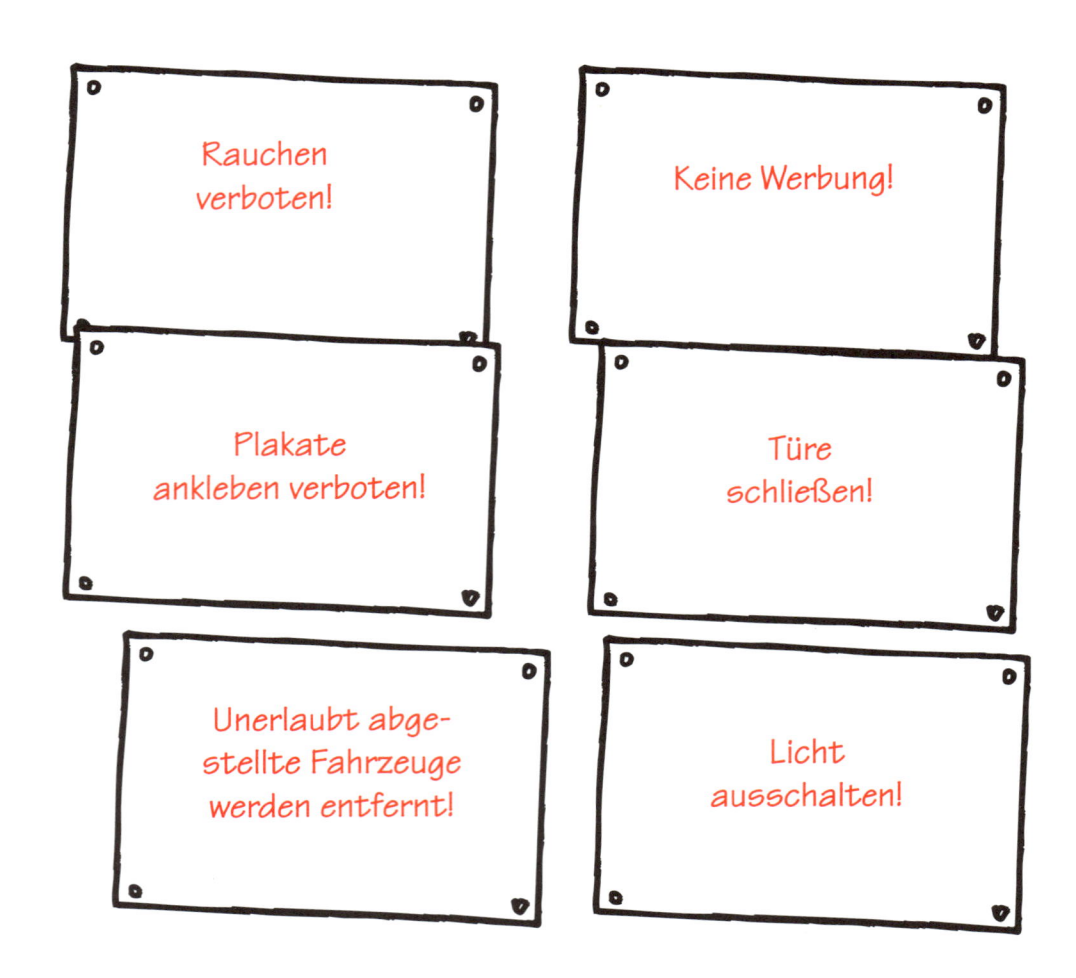

Rauchen verboten!	Keine Werbung!
Plakate ankleben verboten!	Türe schließen!
Unerlaubt abgestellte Fahrzeuge werden entfernt!	Licht ausschalten!

Es ist für den Aufforderungssatz typisch, dass das konjugierte Verb an der ersten Stelle des Satzes steht. Du hast im Kapitel **Wortarten** auch bereits die Befehlsform bei Verben kennen gelernt, den **Imperativ**.

Zur Wiederholung: Der Imperativ

	2. Person Sg.	2. Person Pl.	Höflichkeitsform 3. Pers. Sg. / Pl.
stehen bleiben	Bleib stehen!	Bleibt stehen!	Bleiben Sie stehen!
lesen	Lies!	Lest!	Lesen Sie!

72. Verwandle aus der untenstehenden Wegbeschreibung diejenigen Aussagesätze, die geeignet sind, in Aufforderungssätze!
Beispiel: *Zuerst nimmst du den Radweg nach Linding.*
<u>Nimm zuerst den Radweg nach Linding!</u>

Zuerst nimmst du den Radweg nach Linding. An der großen Eiche steigst du ab und versteckst dein Rad im Gebüsch; du gehst zu Fuß am Brombach entlang bis du an die Kuhweide von Bauer Vierschrot kommst. Hier ist Vorsicht geboten. Dann musst du den Schlehenhügel hinauf gehen und auf der anderen Seite wieder hinunter. Unten angelangt biegst du links in den Rottauenweg. Der führt an die Hofmauer vom Beerenreich. Wenn du dich an der Mauer emporgezogen hast, kannst du den großen Obstgarten überblicken.

Will man besonders höflich, aber dennoch nachdrücklich um etwas bitten, kann man den Wunsch- oder Aufforderungssatz auch als höfliche Frage stellen:

Beispiel: *Gib mir bitte meinen Kugelschreiber wieder!*
Höfliche Frage als Aufforderung:
Würdest du mir bitte meinen Kugelschreiber wiedergeben?
Oder: *Könntest du mir bitte meinen Kugelschreiber wiedergeben?*

73. Welche Fragesätze sind Aufforderungen? Unterstreiche sie!

Würdest du so etwas gut finden? Habe ich nicht Recht? Dürfte ich um Ruhe bitten? Würdet ihr bitte jetzt genau aufpassen? Wären Sie damit einverstanden? Könnten Sie mir behilflich sein? Könntet ihr bitte noch bei Oma vorbeischauen? Du hättest doch nichts dagegen, oder?

Der Fragesatz

Lisa: He, Tom! Was hab' ich denn da gerade erfahren! Du kriegst einen Verweis?
Tom: Wieso? Ach so, das!
Lisa: Na eben hat mir Lola von deiner Eselei erzählt. Hast du wirklich Herrn Gimpel im Biologie-Unterricht den Vogel gezeigt?
Tom: Ja. Aber eigentlich auch wieder nicht direkt.
Lisa: Sag mal! Bist du noch zu retten! Wie kommst du bloß auf so eine Idee?
Tom: Ganz einfach. Wir nehmen gerade bei ausländischen Säugetieren den Schimpansen durch. Herr Gimpel fragte uns, ob uns beim Beobachten des Schimpansengeheges im Zoo schon mal menschenähnliche Verhaltensweisen aufgefallen sind. Tja. Dann hab' ich mich gemeldet ... Den Rest kennst du ja.
Lisa: Und? Siehst du deine Dummheit wenigstens ein?
Tom: Ja, natürlich. Aber wie erklär ich das bloß zu Hause?
Lisa: Wie wär's, wenn du dich bei Herrn Gimpel entschuldigst?

Wir haben bislang deinen Blick auf Fragesätze gelenkt, bei denen das **konjugierte Verb** an **Position 1** steht, z. B.: *Bist du wirklich so dumm?* In dem Gespräch zwischen Tom und Lisa werden dir auch noch andere Fragesätze auffallen. Solche nämlich, die mit einem **Fragepronomen** wie zum Beispiel **wer, was** und **wie** beginnen. Das Satzzeichen ist bei allen Fragesätzen das **Fragezeichen** (?).

74. Schreibe aus dem Dialog alle vollständigen Fragesätze heraus!

75. Wie erklärst du dir, dass außer den vollständigen Fragesätzen auch andere Sätze, die kein Fragezeichen bekommen, als Fragesatz aufgefasst werden können?
Beispiele: *Was hab' ich denn da gerade erfahren!*
Bist du noch zu retten!

76. Schreibe jetzt zu jeder Frage aus der Aufgabe 74 eine passende Antwort. Überlege dir selber eine, wenn in dem Gespräch oben keine steht.

Der Fragesatz

77. Welche Beobachtung hast du gemacht? Wie antwortest du auf Fragen, die
  mit einem **Verb** beginnen (*Hast du wirklich...?*)
  mit einem **Fragepronomen** (*Wie erklär ich das...?*) ansetzen?

> Wir unterscheiden zwei Arten von Fragesätzen
> 1. **Entscheidungsfragen**
>   Für sie gilt, wie du bereits weißt: Das **konjugierte Verb** steht an **Position 1** im Satz. Die Antwort ist ein **Ja** oder ein **Nein**.
>   Beispiel: *Siehst du deine Dummheit wenigstens ein?*
>   Antwort: *Ja, natürlich.*
> 1. **W-Fragen**
>   An **Position 1** steht ein **Fragepronomen**: Wer? Was? Wem? Wen? Wann? Wo? Das **konjugierte Verb** steht an **Position 2 wie im Aussagesatz**. Die **Antwort** ist mindestens **ein ganzer Satz oder ein Teilsatz**.
>   Beispiel: *Wie kommst du bloß auf so eine Idee?*
>   Antwort: *Ganz einfach. Wir nehmen ...*

78. Auch dieser Satz ist ein Fragesatz: *Du kriegst einen Verweis?* Obwohl er von seiner Wortstellung her ein normaler Aussagesatz ist! Wie hat Lisa ihn wahrscheinlich ausgesprochen, sodass er als Fragesatz verstanden wurde?

79. Ordne den folgenden Fragen die richtigen Antworten zu und verbinde sie miteinander!

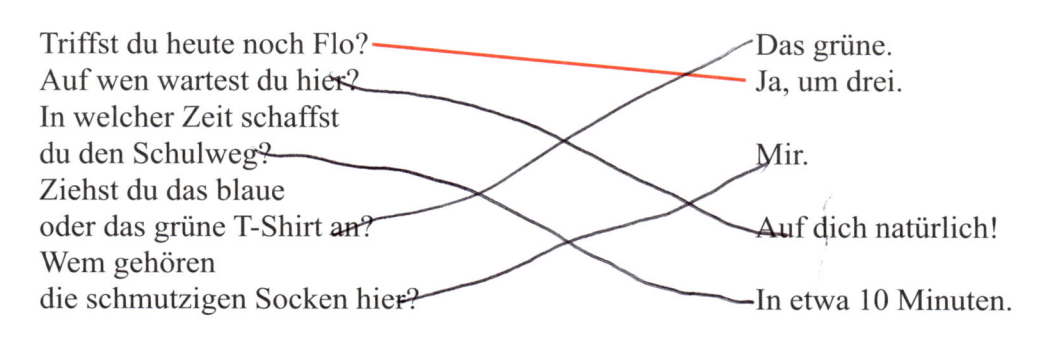

Triffst du heute noch Flo?	Das grüne.
Auf wen wartest du hier?	Ja, um drei.
In welcher Zeit schaffst du den Schulweg?	Mir.
Ziehst du das blaue oder das grüne T-Shirt an?	Auf dich natürlich!
Wem gehören die schmutzigen Socken hier?	In etwa 10 Minuten.

Die Satzreihe

Satzreihe

80. Finde heraus, welche Sätze zusammen gehören, indem du sie mit den Ziffern 1 bis 6 kennzeichnest.

1 , der schlaue Fuchs blickte zu ihm herauf.
2   und ich mag besonders Spinatkuchen mit glasierten Tomaten.
6   oder ich frage ihn.
4   , aber Werner war natürlich wieder unpünktlich.
5   , denn niemand hatte etwas gehört.
3   , sondern sie schüttelte sich vor Lachen.

Der Einbrecher muss sehr vorsichtig gewesen sein   **1**
　　Wir hatten die Kinokarten schon bezahlt   **4**
　　　　Jessica lachte nicht bloß   **3**
　　　　　Ich esse gesundheitsbewusst   **2**
　　　　　　Der Rabe mit dem Käse saß auf dem Baum   **5**
　　　　　　　Entweder du fragst Herrn Gimpel   **6**

> Häufig werden zwei oder mehrere Sätze hintereinander gereiht. Es gibt zwei Möglichkeiten eine solche **Satzreihe** zu bilden: Entweder man verbindet die Sätze mit **Konjunktionen** und einem **Komma** (*oder, aber, sondern, denn*) oder nur mit einem **Komma** (,) oder **Semikolon** (;). Beachte, vor der Konjunktion *und* steht kein Komma!

81. Alle 6 Satzreihen, die du oben gebildet hast, haben in beiden Sätzen jeweils ein Prädikat. Unterstreiche diese Prädikate!

82. Welcher **Satzart** gehören die einzelnen Sätze an und an welcher Stelle steht das Verb?

> **Jeder Satz einer Satzreihe kann alleine stehen.**
> Was für den **Aussagesatz** gilt (Verb an Position 2), muss natürlich auch für den **Fragesatz** und den **Aufforderungssatz** gelten.

An diesen Beispielen lässt sich unsere Feststellung schnell nachprüfen.
Fragesatz + Fragesatz:
*Willst du hier Wurzeln schlagen **oder** gehen wir jetzt endlich hinein?*

Aufforderungssatz + Aufforderungssatz:
*Bring doch bitte dein Star-Trek-Spiel mit **und** vergiss die Brezeln und die Cola nicht!*

Manchmal fehlt im zweiten Satz einer Satzreihe das Subjekt oder sogar das Prädikat. Dies machen wir, um lästige Wiederholungen zu vermeiden.
Beispiele:
*Ich höre dir zu und **(ich)** warte bis ich an der Reihe bin.*
*Tom möchte sich bei Herrn Gimpel entschuldigen und **(er möchte)** sich bessern.*

> In der Regel gilt aber: **Jeder Satz einer Satzreihe muss ein Prädikat haben!**

Diese Sätze hier sind deshalb keine Satzreihe mehr, sondern nur noch ein einfacher Satz.
Beispiele:
*Ich treffe mich heute **mit Tanja oder mit Larissa**.*
(**Satzglied:** Mit **wem** treffe ich mich?)
*Herby isst für sein Leben gern **Pommes und Himbeereis**.*
(**Satzglied: Was** isst Herby gern?)

83. Schreibe alle <u>Satzreihen</u>, die du finden kannst, heraus!

Schüler wollen nicht nur lernen, sondern auch mal Freizeit haben.
Du hörst nicht zu und dich interessiert nichts.
Morgen lernen wir endlich Fabio kennen und seine Freundin Fatma.
Ihr werdet heute noch eine Überraschung erleben, aber keine gute.
Reich mir doch bitte das Salz und die Preiselbeeren.
Du stellst dich beim Volleyballspielen sehr gut an, aber beim Hockey bist du noch viel besser.
Wann hört ihr endlich auf mit dem Unsinn und geht an eure Schularbeiten?
Keiner glaubt seinen Geschichten, denn er übertreibt immer maßlos.

Das Satzgefüge

Satzgefüge: Haupt- und Nebensatz

Aufgeschoben ist nicht aufgehoben
Morgens um sechs läutet heute schon der Wecker am Bett von Katharina, **die ihn am Abend selbst so früh gestellt hatte**. Die ganze Familie schläft noch. Eine Sekunde denkt sie nach, **was sie in den nächsten 15 Minuten tun muss**: Schnell wäscht sie sich und putzt sich die Zähne, **während das Teewasser heiß wird**. Dann sitzt sie in einer Viertelstunde am Küchentisch und lernt noch einmal alle Vokabeln, **weil sie heute bestimmt abgefragt wird**. Auf los geht's los. Das Teewasser ist schon aufgesetzt, **als sie ins Bad eilt**. Nun schnell die Kurzwäsche und dann geht's weiter, **wie sie sich's vorher überlegt hat**. Nur keine Zeit verlieren. O Gott! Was ist das? **Als Katharina in den Spiegel guckt**, trifft sie fast der Schlag. Ihr ganzes Gesicht ist übersäht mit rötlichen Pusteln und erst jetzt fallen ihr diese hässlichen Dinger auch an den Händen und am ganzen Körper auf. „Das sind die Masern", beruhigt sie Mama wenig später. „Hurra! Für's Erste fällt die Schule aus!" – „Da hast du Recht, aber besuchen darf dich vorerst niemand, **weil Masern ansteckend sind**, und im Bett musst du auch bleiben. Also was liegt näher, **als dass du für die Schule lernst**. Wie wär's denn mit Vokabeln? Solltest du da nicht abgefragt werden?" ...

(nach T. J. Bredeau)

84. Schreibe alle fett gedruckten Sätze untereinander und unterstreiche das Prädikat! Erkennst du, was diese Sätze gemeinsam haben?

[handschriftliche Schülerantwort:]
Aufgeschoben ist nicht aufgehoben
die ihn am Abend selbst so früh gestellt hatte. In den nächsten 15 min. tun muss. während das Teewasser heiß wird. weil sie heute bestimmt abgefragt wird.

85. Wir wollen nun sehen, ob es sich überhaupt um vollständige Sätze handelt. Forme deshalb jeden einzelnen dieser Sätze in einen Aussagesatz um!

Beispiele:
1) ..., *die ihn am Abend selbst so früh gestellt hatte.*
   (Sie) *hatte ihn am Abend selbst so früh gestellt.*
2) ..., *weil sie heute bestimmt abgefragt wird.*
   Sie wird heute bestimmt abgefragt.

Zwei Dinge sind dir bei diesen Übungen bestimmt aufgefallen:
1. Das Prädikat steht immer am Satzende.
2. Es sind vollständige Sätze, weil man ganz leicht Aussagesätze daraus machen kann.

Wir nennen diese Sätze **Nebensätze**. Sie können nicht alleine stehen und brauchen noch einen **Hauptsatz**, dem sie untergeordnet sind.

Hauptsatz	Nebensatz
Eine Sekunde denkt sie nach	**, was sie in den nächsten 15 Minuten tun muss.**
Das Teewasser ist schon aufgesetzt	**, als sie ins Bad eilt.**

Sobald du einen Nebensatz entdeckst, muss auch ein Hauptsatz vorhanden sein. Diese Einheit nennen wir **Satzgefüge**.
Aufgepasst! Der Nebensatz muss dem Hauptsatz nicht folgen. Er kann ihm auch vorausgehen: *Als sie ins Bad eilt,* ist das Teewasser schon aufgesetzt.
Oder er wird in den Hauptsatz eingeschoben: Das Teewasser ist, *als sie ins Bad eilt,* schon aufgesetzt.

Das Satzgefüge

Welche Unterschiede bestehen zwischen Satzreihe und Satzgefüge?

Die Satzreihe
1. In der Satzreihe sind zwei oder mehrere selbstständige **Aussage-, Aufforderungs-** oder **Fragesätze** miteinander verbunden.
2. Jeder Satz in der **Satzreihe** kann für sich allein stehen.
3. Sätze in einer **Satzreihe** sind entweder nur durch ein Komma oder durch eine dieser Konjunktionen verbunden: *und, oder, aber, sondern, denn*. Vor denen steht ein Komma, ausgenommen der Konjunktion *und*.

Das Satzgefüge
1. Das Satzgefüge besteht aus einem **Hauptsatz** und einem **Nebensatz**.
2. Nebensätze sind immer einem Hauptsatz untergeordnet und können nicht allein stehen.
3. Konjunktionen, die einen Nebensatz anbinden, sind z. B.: *weil, wenn, als, während, bis, nachdem, bevor, obwohl, dass, … .*

86. Schreibe nun, um den Unterschied herauszustellen, alle Satzreihen aus dem Text heraus.

87. Unterscheide hier Satzreihe und Satzgefüge mit zwei unterschiedlichen Farben!

1. Katharina weiß ganz genau, dass sie demnächst abgefragt wird. 2. Wenn Katharina zu wenig gelernt hat, bekommt sie ein schlechtes Gewissen. 3. Manchmal passiert gerade das, was man nicht erwartet. 4. Katharina fällt zwar heute ein Stein vom Herzen, aber bald muss sie ihre Vokabeln können. 5. Obwohl Katharina früh aufgestanden war und noch Vokabeln gelernt hatte, ging sie an diesem Tag nicht zur Schule. 6. Oft ist das, was zunächst aufgehoben scheint, nur ein wenig aufgeschoben.

Der Unterschied ist doch gar nicht so schwer oder?

Nö, ist eigentlich ganz einfach.

Das Satzgefüge

Lösungen

1. Tom repariert sein Fahrrad. Leopold schreibt seiner Freundin einen Liebesbrief. Oma Line bestellt Günter einen großen Becher Himbeereis. Heike wickelt das Baby. Meine Schwester füttert ihren Kanarienvogel. Dein Zimmer ist unordentlich. Werner liebt seinen gestreiften Pyjama. In der Pause spielen wir meistens Tischtennis. Gut, dann komme ich heute. Der Kellner serviert uns die Cola auf einem silbernen Tablett. Sabine geht mit ihrem Hund spazieren.

2. a) Wer füttert? (Sabine), Was macht Sabine? (Sie füttert), Wen füttert Sabine? (ihren Kanarienvogel), Wie sieht der Kanarienvogel aus? (grün)
b) Wer repariert? (Tom), Was macht Tom? (Er repariert), Was repariert Tom? (sein Fahrrad), Wie ist sein Fahrrad? (kaputt)

3.
	EINZAHL			MEHRZAHL
1.	der Mensch	des Menschen	dem Menschen	die Menschen
2.	der Nachkomme	des Nachkommens	dem Nachkommen	die Nachkommen
3.	die Hand	der Hand	der Hand	die Hände
4.	der Baum	des Baums	dem Baum	die Bäume
5.	das Werkzeug	des Werkzeugs	dem Werkzeug	die Werkzeuge
6.	die Entwicklungsstufe	der Entwicklungsstufe	der Entwicklungsstufe	die Entwicklungsstufen
7.	die Welt	der Welt	der Welt	die Welten
8.	das Gehirn	des Gehirns	dem Gehirn	die Gehirne

4.
			Merkmale
	Singular	Plural	ä, ö, ü + Endung
1	der Ball	die Bälle	ä + -e
2	der Mensch, die Gabel	die Menschen, die Gabeln	-(e)n
3	das Rad	die Räder	ä +er
4	das Auto	die Autos	s
5	der Apfel, der Kuchen	die Äpfel, die Kuchen	ä, –

5. 1. Spiele, Flüsse 2. Frauen, Doktoren 3. Wälder, Bücher 4. Sofas 5. Mädchen, Schweinchen, Finger

6. ein (Bauer), Der (Bauer), einen (Sohn), den (Tau), eine (Holzente), die (Ente), eine (Schraube), Die (Schraube), eine (neue), den (Kopf), eine (neue), eine (Kiefer; das Holz!), die (Ente), ein (Baum), der (Gartenzaun)

7. Die Tochter; der Bäuerin; der Nachbarin; den Vogel;
Die Enkelin; des alten Mannes; dem Kaninchen; das Fell

8. Die Söhne der Bauern (bauen) der Ente eine Schraube. Die Töchter der Bäuerinnen (schenken) den Nachbarinnen die Vögel. Die Enkelinnen der alten Männer (frisieren) den Kaninchen die Felle.

9. mein Opa (N); seinem Papagei (D); frisches Wasser (A). eine Tasse Kaffee (A); die Morgenzeitung (A); seine Jacke (A); des Stadtparks (G) einen alten Schulfreund (A); lustige Geschichten (A); Brot, Fleisch, Käse und Wein (A); Der Papagei (N); meinen Opa (A); Opa (N); dem Schreihals (D); meines Opas (G).

10. des Nils (Gen, Sg); das Reich (Nom, Sg); der Ägypter (Gen, Pl); der Pharao (Nom, Sg); der Hieroglyphenschrift (Gen, Sg); dem Pharao (Dat, Sg); Steuern und Abgaben (Akk, Pl); ein Weiterleben nach dem Tod (Akk, Sg); prächtig ausgemalte Gräber (Akk, Pl); Die Pharaonen (Nom, Pl); prachtvolle Tempel (Nom, Pl); die vielen Götter (Akk, Pl) der Ägypter (Gen, Pl).

11.

	Singular		Plural	
Nominativ	der	Eimer	die	Eimer
Genitiv	des	Eimer**s**	der	Eimer
Dativ	dem	Eimer	den	Eimer**n**
Akkusativ	den	Eimer	die	Eimer

	Singular		Plural	
Nominativ	das	Kind	die	Kinder
Genitiv	des	Kind**es**	der	Kinder
Dativ	dem	Kind	den	Kinder**n**
Akkusativ	das	Kind	die	Kinder

Zusatzfrage: Auffallend sind am Genitiv Singular die Endung -(e)s und am Dativ Plural die Endung -n.

12.

	Singular		Plural	
Nominativ	der	Bauer	die	Bauern
Genitiv	des	Bauer**n**	der	Bauer**n**
Dativ	dem	Bauer**n**	den	Bauer**n**
Akkusativ	den	Bauer**n**	die	Bauer**n**

13.

	Singular		Plural	
Nominativ	das	Ende	die	Ende**n**
Genitiv	des	End**es**	der	Ende**n**
Dativ	dem	Ende	den	Ende**n**
Akkusativ	das	Ende	die	Ende**n**

14. Die Pharaonen; den Göttern; Touristen; des Tempels; der Beamten, Künstler und Schreiber; Beamten, Handwerkern, Priestern und Bauern; einer kleinen Stadt; dem Reichsgott.

15. Sie, ihn; er, sie, sie, ihn; sie, ihm; ihr, er

16. 1. ihn 2. ihrer 3. sie 4. Er, es 5. ihm 6. Er, es, ihr 7. sie, ihr 8. sie, sie 9. ihn, ihr 10. Sie, sie, ihm.

17. Wenn zwei Pronomen hintereinander stehen, kommt zuerst der **Akkusativ** und dann der **Dativ**.

18.

	Kasus	Frage
<u>Mein Hund</u> begleitet mich.	**Nom**	<u>Wer</u> begleitet ...?
Ich liebe <u>meinen Hund</u>.	**Akk**	<u>Wen</u> liebe ich?
Du schenkst <u>seiner Schwester</u> Blumen.	**Dat**	<u>Wem</u> schenkst du Blumen?
Wir können <u>seinem Gejaule</u> nicht mehr zuhören.	**Dat**	<u>Wem</u> können wir nicht mehr zuhören?
<u>Sein Zimmer</u> räumt er nie auf.	**Akk**	<u>Was</u> räumt er nie auf?
<u>Eure Taschen</u> liegen im Flur!	**Nom**	<u>Was</u> liegt im Flur?
Haben sie sich bei <u>ihren Nachbarn</u> entschuldigt?	**Dat**	Bei <u>wem</u> haben sie sich entschuldigt?

19. Die Possessivpronomen

Nominativ	Singular			Plural
1. Person	mein Buch			unsere Bücher
2. Person	dein Buch			eure Bücher
höfliche Anrede	Ihr Buch			Ihre Bücher
3. Person	sein	ihr	sein	ihre Bücher
Akkusativ	Singular			Plural
1. Person	mein Buch			unsere Bücher
2. Person	dein Buch			eure Bücher
höfliche Anrede	Ihr Buch			Ihre Bücher
3. Person	sein	ihr	sein	ihre Bücher
Dativ	Singular			Plural
1. Person	meinem Buch			unseren Büchern
2. Person	deinem Buch			euren Büchern
höfliche Anrede	Ihrem Buch			Ihren Büchern
3. Person	seinem	ihrem	seinem	ihren Büchern
Genitiv	Singular			Plural
1. Person	meines Buches			unserer Bücher
2. Person	deines Buches			eurer Bücher
höfliche Anrede	Ihres Buches			Ihrer Bücher
3. Person	seines	ihres	seines	ihrer Bücher

20. Albert Schweitzer lebte von 1875 bis 1965. Er (○) war evangelischer Pfarrer und Professor für Theologie. Später studierte er Medizin und gründete im Urwald von Gabun das Tropenkrankenhaus Lambaréné. Es diente vor allem der Behandlung von Leprakranken. Diese Krankheit ist ansteckend und sie (○) führt zu einem schlimmen Aussatz am ganzen Körper. Schweitzer wollte die vielen Leprakranken nicht ihrem (□) Schicksal überlassen und widmete sich (←) zeit seines (□) Lebens der Linderung ihres (□) Leidens. Der vielbegabte Schweitzer finanzierte sein (□) Urwaldkrankenhaus als Orgelsolist und als Schriftsteller. 1927 konnte er es (○) um ein großes Gebäude erweitern. Für sein (□) Lebenswerk wurde Schweitzer 1952 ausgezeichnet. Man verlieh ihm (○) den Friedensnobelpreis. Sein (□) Leben stellte er (○) ganz unter das Motto „Ehrfurcht vor dem Leben". Es verschaffte ihm (○) seine (□) Weltgeltung als großer Menschenfreund.

21. Welchen Hut?; Welche Siamkatze?; Welchen Mannes?; Welchem Mädchen?

22. Wen oder was vermisst Tom?; Was für einen Baum stelle ich mir ins Zimmer?; Wessen Fußballschuhe sind verschwunden?; Wem kocht Mutti Kakao?; Wen stellt Lisa Tom vor?; Wer hat die Äpfel auf dem Markt gekauft?; Was für ein Eis hat Herr Uçar uns spendiert?; Was für eine Katze suche ich?

23. Dies sind mögliche Pronomen und Substantive. Du kannst aber auch andere verwenden.

Ich	**helfe**	meinem Freund.	
Du	**verlierst**	deinen Schlüssel.	
Sie	**wächst.**		
Sie	**erinnern sich**	des Urlaubs.	
Er	**schenkt**	uns	eine CD.
Wir	**kaufen**	ihm	einen Hut.
Ihr	**tragt**	dem Freund	die Tasche.
Sie	**verbieten**	uns	den Unsinn.

24. <u>Er/Sie/Es</u> zieht um. <u>Du</u> trinkst gern Kakao. Sicher entschuldigen <u>sie</u> sich noch bei euch. Sicher entschuldigt <u>ihr</u> euch noch bei ihnen. <u>Ich</u> hole dich ab. Heute gehen <u>wir/sie</u> ins Museum? Schläft <u>sie/er/es</u> noch? Ihr schlaft ja immer noch!

25. ihr tragt; wir kochen; du nimmst; ihr nehmt; er, sie, es sieht; du vergisst.

26. Heute <u>sehe</u> … <u>wieder</u> (Zukunft). Sie <u>kommt</u> (Zukunft). Dianas Eltern <u>sind</u> ... <u>gezogen</u>, weil ihr Vater ... <u>bekommen</u> <u>hatte</u> (Vergangenheit). Ich <u>kann</u> mich … <u>erinnern</u> (Gegenwart). Wir <u>waren</u> (Vergangenheit), Diana und ich <u>sind</u> (Gegenwart), ... <u>sich</u> <u>vorstellen</u> <u>kann</u> (Gegenwart). Am schlimmsten <u>war</u> (Vergangenheit), dass wir nicht <u>wussten</u> (Vergangenheit). Aber jetzt <u>ist</u> es sicher (Gegenwart): In zwei Stunden <u>hole</u> ich sie ... <u>ab</u> (Zukunft). Und wir <u>haben</u> uns ... <u>überlegt</u> (Vergangenheit), was wir in den nächsten zwei Wochen alles <u>machen</u> <u>werden</u> (Zukunft).

27. schließen: schloss, geschlossen; lügen: log, gelogen; leihen: lieh, geliehen; helfen: half, geholfen; schmelzen: schmolz, geschmolzen; sitzen: saß, gesessen; lassen: ließ, gelassen

28. (1) überraschte (2) war (3) lag (4) nahm (5) versuchten (6) hinderte (7) hatte (8) goss (9) wiegte (10) schliefen; kam (11) wunderte sich; roch

29. a) (suchte), (fand), (fing ... an), (begann), (Ging), (Klangen), (Lachte), (schaute ...drein), (Benahm), (brachte), (hatte ...gefunden), (Habe ... hingelegt), (veränderte), (war), (erkannte)
b) <u>schwache Verben</u>: suchen, lachen, dreinschauen, hinlegen, verändern
<u>starke Verben</u>: bekommen, finden, anfangen, beginnen, gehen, klingen, benehmen, sein; <u>unregelmäßige Verben</u>: bringen, erkennen.

30. <u>Meldet</u> euch bei Frau Pauling, ...! Also <u>seid</u> nicht knausrig! Übrigens: <u>Aufgepasst</u>! <u>Kommt</u> auf alle Fälle sehr zahlreich!

31. 1. <u>Räumt bitte eure Bänke auf!</u> 4. <u>Vergessen Sie nicht Ihre Schlüssel!</u> 5. <u>Pass doch etwas mehr auf!</u> 7. <u>Kommt bloß auf keine dummen Gedanken!</u>

32. 1. <u>in</u> der Halle. (Wo spielen wir? = Ort) 2. <u>im</u> Buch. (Wo steht das? = Ort) 3. <u>In</u> großen Sätzen (Wie sprang der Hund auf uns zu? = Art und Weise) 4. <u>Beim</u> Abendessen (Wann flog alles auf? = Zeit) 5. <u>zwischen</u> Tante Frieda und Onkel Bert (Wohin musste ich mich setzen? = Ort) 7. <u>wegen</u> des Lärms (Warum gehe ich zu Oma Else? = Grund)

33. <u>über</u>: Ich gehe über den Fußballplatz (Akkusativ); Eine schwarze Gewitterwolke hängt über dem Fußballplatz (Dativ); <u>durch</u>: Ich sehe durch das Fenster (Akkusativ); <u>in</u>: Ich gehe in die Schule (Akkusativ); Ich lerne in der Schule (Dativ); <u>seit</u>: seit diesem Tag liebe ich Susanne. (Dativ); <u>während</u>: Ich schlafe während des Tages nicht (Genitiv)

34. Akkusativ (z. B. durch, *für, gegen*), Dativ (z. B. seit, *bei, mit*), beide Kasus (z. B. in, *über, an*). Genitiv (z. B. während, *wegen, außerhalb*)

35.

groß	feinäd**rig**	winter**lich**	paradies**isch**	ohren-betäube**nd**
lieb	**dünnbeinig**	**gefährlich**	**majestätisch**	**surrend**
tiefgrün	**riesig**			
windschief	**winklig**			
wunderschön				
fett				
hoch				
rund				

36. paradisisch, paradisischer, am paradisischsten; groß, größer, am größten; lieb, lieber, am liebsten; tiefgrün, tiefgrüner, am tiefgründsten;

windschief, windschiefer, am windschiefsten; feinädrig, feinädriger, am feinädrigsten; dünnbeinig, dünnbeiniger, am dünnbeinigsten; fett, fetter, am fettesten; winterlich, winterlicher, am winterlichsten; riesig, riesiger, am riesigsten; ohrenbetäubend, ohrenbetäubender, am ohrenbetäubendsten; majestätisch, majestätischer, am majestätischsten; hoch, höher, am höchsten; surrend, surrender, am surrendsten; gefährlich, gefährlicher, am gefährlichsten; rund, runder, am rundesten; winklig, winkliger, am winkligsten.

37.

Ort	Zeit	Art und Weise	Grund
hinunter	übermorgen	unbedingt	deshalb
dort	ziemlich	nämlich	
überall	endlich	umsonst	
	vielleicht		
	ganz		
	besonders		
	sofort		

38. <u>Adverbien:</u> *da, droben, davor, unten, drüben, oben, innen, irgendwo*
<u>Präpositionen:</u> *gegen, vor, hinter, aus, zu, bei, ab, entlang, über*

39. 1 <u>ein</u> Feund   1 <u>eine</u> Freundin
       2 <u>zwei</u> Freunde   2 <u>zwei</u> Freundinnen
      18 <u>achtzehn</u> Katzen 101 <u>hundertein</u> Dalmatiner

40. am <u>dreiundzwanzigsten</u> Mai, das <u>zweite</u> Kind, meinen <u>dreizehnten</u> Geburtstag
Im Unterschied zu den Kardinalzahlen schließen die Ordinalzahlen noch die Endung *-(s)te(n)* an und sie sind deklinierbar: *der dreiundzwanzigste Mai, am dreiundzwanzigsten Mai.*

41. Aufzählungen: erstens, zweitens, drittens
Ausdrücke, die auf Fragen antworten und die Endung -mal als Substantiv verwenden: zweimal, fünfmal, viermal, dritte Mal
Ausdrücke der Verfielfachung: Sechsfache, Vierfache, doppelt

42. Die Reihenfolge der Konjunktionen ist: und, denn, und, wenn, oder, aber, wie, und

43. Einen Hauptsatz leiten ein: einen Nebensatz leiten ein:
und, denn, oder, aber   *weil, obwohl, wenn, wie, dass*

44.

Konjunktion	Begründung
und	Addition
(so)dass	Folge
weil	Begründung
oder	Alternative
während	Zeitgleichheit
obwohl	Einschränkung
aber	Gegensatz
wenn	Bedingung

45. **1. Ein Wort:** Hallo! Stimmt! Wann? Morgen. Wirklich? Komm!
2. mehrere Wörter bzw. unvollständige Sätze: Grüß dich! Weiß schon. Diese verflixte Englischarbeit. Keine Lust mehr. Ist mir neu. Kann mir nämlich auch nicht schaden. Na gut. **3. vollständige Sätze:** Du bist spät dran. Du musst die Nahholschulaufgabe schreiben. Dann solltest du besser lernen. Englisch ist doch echt super und ganz leicht. Wir lernen heute zusammen Englisch. Vielleicht hast du Recht.

46. Es gibt die Hauptrolle an: eine oder mehrere handelnde Personen.

47. **Umstellprobe**
1. Vielleicht hast du Recht.
Du hast vielleicht Recht.
Recht hast du vielleicht.
Es gibt drei Satzglieder: *du, vielleicht, Recht*

2. Wir gehen heute skaten.
Heute gehen wir skaten.
Skaten gehen wir heute.
Hier gibt es ebenfalls drei Satzglieder: *heute, wir, skaten.*

Ersatzprobe
Wir gehen heute skaten.
Du gehst morgen zum Arzt.
Die Katze geht jetzt auf Mäusejagd.
Das Satzglied **Wir/Du/Die Katze** gibt an, **wer** geht.
Das Satzglied **heute/morgen/jetzt** gibt an, **wann** gegangen wird.
Das Satzglied **skaten/zum Arzt/auf Mäusejagd** gibt an, **wohin** gegangen wird.

48. sind ... zu kurz, hat ... gegeben, trifft ... ein, kann ... kommen, suchte, wird .. regnen, wollte ... schneiden, hatte ... gewarnt, kaufte ... ein, ist ... gewesen.

49. **Wir** (= Personalpronomen), **Das Giraffenkind** (= Artikel + Nomen), **Knut** (= Name), **Ordnung** (=Nomen)

50. Das Subjekt steht in der Regel an **erster Stelle** im Aussagesatz.

51. a) **Ein interessantes Buch** liest meine Freundin gerade. Betont wird *ein interessantes Buch*.
b) **Alle** freuen wir uns auf Onkel Harry aus Amerika. Betonung liegt auf *Alle*: Onkel Harry ist wirklich bei *allen* beliebt. **Auf Onkel Harry aus Amerika** freuen wir uns alle. Der Besuch einer bestimmten Person macht uns glücklich. Die Betonung liegt auf *Onkel Harry*.

52. Christoph schreibt seiner Freundin eine Ansichtskarte. Julia sucht ihren Füller. Leo würdigte uns keines Blickes. Niemand will mich verstehen! Anna geht mit ihrem Dackel spazieren.

53. 1. Umstellprobe: Mit Ursula ist Günter verabredet. Satzglieder: **Subjekt** (Wer?): Günter. **Prädikat** (Was geschieht?): ist verabredet. **Dativ-Objekt** (Mit wem?): Mit Ursula. 2. Umstellprobe: An dich denke ich. Satzglieder: **Subjekt:** ich. **Prädikat:** denke. **Akkusativ-Objekt:** an dich. 3. Umstellprobe: Euch gratulieren wir. Satzglieder: **Subjekt:** wir. **Prädikat:** gratulieren. **Akkusativ-Objekt:** euch. 4. Umstellprobe: Mein Bruder bringt Ihnen den Brief. / Ihnen bringt mein Bruder den Brief. Satzglieder: **Subjekt:** mein Bruder. **Prädikat:** bringt. **Dativ-Objekt:** Ihnen. **Akkusativ-Objekt:** den Brief. 5. Umstellprobe: Wir holen den Radfahrer ein. Satzglieder: **Subjekt:** Wir. **Prädikat:** holen ein. **Akkusativ-Objekt:** den Radfahrer. 6. Umstellprobe: Oskar bedient sich für seine Mathe-Aufgaben des Computers. Des Computers bedient sich Oskar für seine Mathe-Aufgaben. Satzglieder: **Subjekt:** Oskar. **Prädikat:** bedient sich. **Akkusativ-Objekt:** für seine Mathe-Aufgaben. **Genitiv-Objekt:** des Computers.

54. Meine Tante besucht uns. Ihr habt uns mit dem Geschenk kein Glück gebracht. Wir erinnern uns unserer Kindheit. Ich schicke dir Geld. Du trafst Peter. Betty musste die Tasche öffnen.

55. 1. Zeitpunkt 2. Zeitdauer 3. Wiederholung

56. Wann ist es beschlossen? Jetzt. Wann fahren wir alle zum Skifahren nach Südtirol? Im Januar. Wann haben wir das beschlossen? Am Sonntag. Wann wurden wir uns schließlich einig? Nach einer kleinen Diskussion. Wann hat Vati das gesagt? Heute früh. Wann fällt vielleicht das Skifahren aus? In den Weihnachtsferien.

57. oft; beim Essen; in den Ferien

58. außen – innen; drüben – hier; irgendwo – nirgendwo; überall – nirgends;
abwärts – aufwärts; daher – hierher; irgendwoher – nirgendwoher; rückwärts – vorwärts

59. 1. überall (Wo?), 2. auf der Treppe (Wo?), 3. irgendwohin (Wohin?), 4. in die Ecke (Wohin?), 5. am Spielfeld (Wo?), 6. nirgends (Wo?), 7. aus Jans Ferienlager (Woher?)

60. <u>Adverbialien des Ortes:</u> auf der Insel Korfu; vor der Schule, in die falsche Richtung; auf der Straße; in deinem Zimmer
<u>Adverbialien der Zeit:</u> zu einem späteren Zeitpunkt; zu Ostern; Anfang des Jahres; in den großen Ferien; jeden Tag; am Neujahrstag; vormittags

61. 1. vergnügt, mit hängenden Köpfen, wortlos, 2. wie ein Wasserfall, in Rätseln, 3. Unter großen Entbehrungen, Geschwächt

62. 1. wie verrückt /sehr, 2. wie vor einem Gespenst / furchtbar, 3. Nur wenig/kaum, 4. ohne Erfolg / umsonst, 5. völlig / ganz

63.

Verb	Nom	Dat	Akk	Gen	Adv. / Zeit	Adv./Ort/ Richtung	Adv./Art u. Weise
verkaufen	Wer	Wem	Was				
angeklagt werden	Wer			Wessen			
schlafen	Wer						
stellen	Wer					Wohin	
vorlesen	Wer	Wem	Was				
landen	Wer					Wo	
zuhören	Wer	Wem					
denken an	Wer		Wen				

64. a) Notwendige Satzglieder sind die Objekte im **Dativ und Akkusativ** und das **Subjekt**. b) Nicht notwendige Satzglieder sind die **Adverbialien der Zeit, des Ortes und der Art und Weise**.

65. Walter trägt der alten Frau die Tasche <u>in ihre Wohnung</u> (Wohin?). Andrea liest <u>vor dem Schlafengehen</u> (Wann?) gern ein Buch. Wir warteten <u>eine halbe Stunde</u> (Wie lange?) <u>vor dem Kino</u> (Wo?). Ein Brief hat mich <u>heute</u> (Wann?) von meiner Brieffreundin <u>aus Italien</u> (Woher?) erreicht. Ich habe dich <u>heute Morgen</u> (Wann?) <u>klar und deutlich</u> (Wie?) verstanden. Das Lagerfeuer brennt <u>jetzt</u> (Wann?) <u>lichterloh</u> (Wie?). Simon fand <u>heute</u> (Wann?) <u>in der Schule</u> (Wo?) eine Geldbörse. Wir werden <u>in den Weihnachtsferien</u> (Wann?) unsere neuen Skier ausprobieren.

66. Tom **sagt aus**: Ich war mit Rolfi schon an der frischen Luft. Lisa **fordert** Tom **auf**: Geh bitte mit Rolfi einmal raus! Lisa **fragt** Tom: Warst du wirklich schon mit ihm draußen?

67. <u>Aussagesatz</u>: Punkt (.) <u>Aufforderungssatz</u>: Ausrufezeichen (!) <u>Fragesatz</u>: Fragezeichen (?)

68. <u>Aussagesatz</u>: 2. Position; <u>Aufforderungssatz</u>: Erste Position; <u>Fragesatz</u>: Erste Position

69. <u>machen</u> (Präsens); <u>werden ... machen</u> (Futur); <u>haben ... gemacht</u> (Perfekt); <u>machten</u> (Präteritum); <u>hatten ... gemacht</u> (Plusquamperfekt); <u>will ... spielen</u> (Präsens von *wollen*); <u>steht ... auf</u> (Präsens); <u>wartete</u> (Präteritum)

70. <u>Befehl</u>: Beeil dich! Warte! Komm sofort her! Geh mit dem Hund raus! <u>dringender Wunsch</u>: Halte mal, bitte! Räum bitte noch den Tisch ab! <u>Empfehlung</u>: Mach dich lieber gleich an die Schularbeiten!

71. Rauchen Sie hier nicht! Werfen Sie keine Werbung ein! Kleben Sie keine Plakate an! Schließen Sie die Tür! Parken Sie hier nicht! Schalten Sie das Licht aus!

72. Steig an der großen Eiche ab und verstecke dein Rad im Gebüsch; geh zu Fuß am Brombach entlang bis du an die Kuhweide von Bauer Vierschrot kommst. Sei hier vorsichtig! Geh dann den Schlehenhügel hinauf und auf der anderen Seite wieder hinunter. Biege unten angelangt links in den Rottauenweg ein. Der führt an die Hofmauer vom Beerenreich. Zieh dich an der Mauer empor, dann kannst du den großen Obstgarten überblicken.

73. Dürfte ich um Ruhe bitten? Würdet ihr bitte jetzt genau aufpassen? Könnten Sie mir behilflich sein? Könntet ihr bitte noch bei Oma vorbeischauen?

74. 1. Du kriegst einen Verweis? 2. Hast du wirklich Herrn Gimpel im Biologie-Unterricht den Vogel gezeigt? 3. Wie kommst du bloß auf so eine Idee? 4. Siehst du deine Dummheit wenigstens ein? 5. Aber wie erklär ich das bloß zu Hause? 6. Wie wär's, wenn du dich bei Herrn Gimpel entschuldigst?

75. Lisa ist überrascht und äußert diese Sätze mehr als Vorwurf. Weil es keine Fragesätze sind, musst du anders betonen: *Was hab' ich denn <u>da</u> gerade erfahren! Bist du noch <u>zu retten</u>!*

76. Dies sind mögliche Antworten: 1. Ja. 2. Ja. 3. Ist mir so eingefallen. 4. Ja, natürlich. 5. Indem du die Wahrheit sagst. 6. Da hast du Recht.

77. Auf Fragen, die mit einem **Verb** beginnen, antwortet man mit **ja oder nein**. Auf Fragen, die mit einem **Fragepronomen** beginnen, muss man mit einem **Satz oder Teilsatz** antworten, z. B.: *Ganz einfach.*

78. Du kriegst einen Verweis? Beim ersten Lesen wirst du diesen Satz nicht gleich wie einen Fragesatz gelesen haben. Man muss ihn also am Schluss mit wachsender Betonung sprechen.

79. Antworten in dieser Reihenfolge: Ja, um drei. Auf dich natürlich. In etwa 10 Minuten. Das grüne. Mir.

80. und 81.
1. Der Rabe mit dem Käse <u>saß</u> auf dem Baum**,** der schlaue Fuchs <u>blickte</u> zu ihm herauf. 2. Ich <u>esse</u> gesundheitsbewusst **und** ich <u>mag</u> besonders Spinatkuchen mit glasierten Tomaten. 3. Entweder du <u>fragst</u> Herrn Gimpel **oder** ich <u>frage</u> ihn. 4. Wir <u>hatten</u> die Kinokarten schon <u>bezahlt</u>, **aber** Werner <u>war</u> natürlich wieder unpünktlich. 5. Der Einbrecher <u>muss</u> sehr vorsichtig gewesen sein, **denn** niemand <u>hatte</u> etwas <u>gehört</u>. 6. Jessica <u>lachte</u> nicht bloß, **sondern** sie <u>schüttelte sich</u> vor Lachen.

82. Alle Sätze sind Aussagesätze: Das Verb steht an 2. Position!

83. Schüler möchten nicht nur lernen, sondern auch mal Freizeit haben. Du hörst nicht zu und dich interessiert nichts. Du stellst dich beim Volleyballspielen sehr gut an, aber beim Hockey bist du noch viel besser.

Keiner glaubt seinen Geschichten, denn er übertreibt immer maßlos.

84. ..., die ihn am Abend selbst so früh <u>gestellt hatte</u>. ..., was sie in den nächsten 15 Minuten <u>tun muss</u>. ..., während das Teewasser <u>heiß wird</u>. ..., weil sie heute bestimmt <u>abgefragt wird</u>. ..., als sie ins Bad <u>eilt</u>. ..., wie sie sich's vorher <u>überlegt hat</u>. Als Katharina in den Spiegel <u>guckt</u>, ..., weil Masern <u>ansteckend sind</u>, ..., als dass du für die Schule <u>lernst</u>.
Es fällt auf, dass diese Sätze von einem vorangehenden Satz durch ein Komma abgetrennt sind. Die Sätze beginnen mit einer Konjunktion. Das jeweilige Prädikat befindet sich am Satzende.

85. Sie muss in den nächsten 15 Minuten etwas tun. Das Teewasser wird heiß. Sie wird heute bestimmt abgefragt. Sie eilt ins Bad. Sie hat sich's vorher überlegt. Katharina guckt in den Spiegel. Masern sind ansteckend. Du lernst für die Schule.

86. Schnell wäscht sie sich und putzt sich die Zähne; Dann sitzt sie in einer Viertelstunde am Küchentisch und lernt noch einmal alle Vokabeln; Nun schnell die Kurzwäsche und dann geht's weiter. Ihr ganzes Gesicht ist übersäht mit rötlichen Pusteln und erst jetzt fallen ihr diese hässlichen Dinger auch an den Händen und am ganzen Körper auf. Da hast du Recht, aber besuchen darf dich vorerst niemand, ..., und im Bett musst du auch bleiben.

87. Satzgefüge: 1., 2., 3., 5., 6.; Satzreihe: 4.

Begriffe und Regeln

Die Wortarten

Substantive: Deklination nach Kasus, Numerus und Genus
Kasus: Nominativ, Dativ, Akkusativ, Genitiv; **Numerus:** Singular, Plural;
Genus: Maskulinum, Femininum, Neutrum
Beispiel: *Der Mann gibt der Katze einen Fisch.*
Der Mann: Nominativ (Wer?) Singular Maskulin (der)
der Katze: Dativ (Wem?) Singular, Feminin (die)
einen Fisch: Akkusativ (Wen oder was?) Singular, Maskulin (der)

Personal-, Possessiv- und Interrogativpronomen
(a) Das **Personalpronomen e r s e t z t** ein Substantiv. Beispiel: der Arzt
(Nom: der Arzt) → er; (Akk: den Arzt) → ihn; (Dat: dem Arzt) → ihm
(b) Das **Possessivpronomen** ist ein **B e g l e i t e r** des Substantivs. Es zeigt
ein **Besitzverhältnis** oder eine **enge Verbindung** an.
Beispiel: *der Mann* → ***sein*** *Bart; die Klasse von Frau Bürzel* → ***ihre*** *Klasse*
(c) Das **Interrogativpronomen** fragt *Wer? Was? Welcher? Welche? Welches?*
Beispiele: *Was für ein Haus?*
Welchen Mann meinst du? Diesen Mann. (= Akkusativ)

Adjektive
Sie sind meistens **Begleiter** des Substantivs und deshalb deklinierbar, z. B.:
ein großer Hund. Außerdem lassen sie sich steigern (**Komparation**), z. B.:
groß, größer, am größten.

Verben
Verben werden **konjugiert** nach **Person** (ich, du, er/sie/es, wir, ihr, sie),
Numerus und können in folgenden **Tempusformen** stehen:
Präsens: *Jetzt **ist** es sicher.* (Gegenwart)
Perfekt: *Dianas Eltern **sind** nach England **gezogen**.* (Vergangenheit)
Präteritum: *Wir **waren** beide sehr traurig.* (Vergangenheit)
Plusquamperfekt: *Ihr Vater **hatte** einen Job **bekommen**.* (Vergangenheit)
Futur: *Wir **werden** zu Ostern viel zusammen **machen**.* (Zukunft)

Adverbien
Adverbien geben **Umstandsbestimmungen** an:
Adverbien der Zeit: *heute, jetzt, vorhin, damals* (Frage: Wann?)
Adverbien des Ortes: *links, rechts, dort, hier* (Frage: Wo?)
Adverbien der Richtung: *hinüber, herunter* (Frage: Wohin? Woher?)
Adverbien der Art und Weise: *genau, leider, glücklicherweise* (Frage: Wie?)

Die Satzglieder

Ein Wort oder eine Wortgruppe, die du im Satz umstellen kannst (**Umstellprobe**), nennt man **Satzglied**. Beispiel: *Ich besuche dich morgen. / Dich besuche ich morgen / Morgen besuche ich dich.* (= 3 Satzglieder + Prädikat)
Bei der **Ersatzprobe** bleibt der Satzbau unverändert. Du ersetzt ein Satzglied durch ein Satzglied mit ähnlicher Bedeutung.
Beispiel: *Nach der Schule/Morgen/Heute besuche ich dich.*

Das Prädikat
Das Prädikat besteht aus dem konjugierten Verb: *Ich lerne mit dir Englisch.*
Je nach Tempus erscheint das Prädikat im Satz als **Prädikatsklammer**: *Ich habe mit dir Englisch gelernt.*

Das Subjekt
Das Subjekt steht immer im **Nominativ**. Frage: **Wer** oder **was** macht etwas?/ passiert? Subjekt und konjungiertes Verb müssen in Person und Numerus übereinstimmen. Beispiel: *Das Kind* (= 3. Person Sing.) *läuft* (= 3. Person Sing.).

Die Objekte
Akkusativ-Objekt: *Ich lese ein Buch.* (**Wen** oder **was** lese ich?)
Dativ-Objekt: *Ich schenke ihm ein Buch* (**Wem** schenke ich ein Buch?)
Genitiv-Objekt: *Er erfreut sich guter Gesundheit.* (**Wessen** erfreut er sich?)

Die Adverbialien (Umstandsbestimmungen)
Zeit: *Der Zug kommt um vier Uhr an.* (**Wann** kommt der Zug an?)
Ort: *Wir warten am Bahnhof.* (**Wo** warten wir?)
Richtung: *Der Zug kommt aus Regensburg.* (**Woher** kommt der Zug?)
Art und Weise: *Der Zug kommt pünktlich an.* (**Wie** kommt der Zug an?)

Die Satzarten

Aussagesatz: *Sie **geht** heute ins Museum.* (Verbposition 2)
Aufforderungssatz: ***Komm** nicht zu spät!* (Verbposition 1)
Fragesatz: ***Kommt** er heute?* (Verbposition 1)
          W-Frage: *Wann **kommt** er heute?* (Verbposition 2)

Die **Satzreihe** besteht aus zwei oder mehreren selbständigen Sätzen.
Beispiel: *Günter spielt gern Fußball und ich spiele gerne Hockey.*
Das **Satzgefüge** gliedert sich in **Hauptsatz** und **Nebensatz**.
Der Hauptsatz kann alleine stehen, der Nebensatz nicht! Merkmal für den Nebensatz: Das konjugierte Verb steht am Satzende.
Beispiel: *Günter spielt gern Fußball, während ich gern Hockey **spiele**.*